新潮新書

白川密成

SHIRAKAWA Missei

マイ遍路

札所住職が歩いた四国八十八ヶ所

987

新潮社

はじめに

本書は、愛媛県の今治市《いまばり》にある四国八十八ヶ所霊場、第五十七番札所《ふだしょ》・栄福寺《えいふくじ》住職である僕が、約千二百キロの四国遍路を歩いてお参りした記録である。

なぜ札所寺院の住職である僕が、今、歩き遍路をしようと思ったのか――。

「札所の住職でもあるのだから、遍路を歩くことで、八十八ヶ所の〝全体像〟を肌で感じたい」

その答えは、とてもシンプルなものだ。山をいくつも越えて、瀬戸内海や太平洋の沿岸を歩き続け、知らない街を訪れる。また、弘法大師《こうぼうだいし》・空海と結びつきの強い八十八の寺や霊跡で手を合わせる。そうした「祈る」という行為を通して、少しでも僧侶として何かの「きっかけ」にならないか、という思いもあった。

さらに、寺の住職という鎧《よろい》を一旦はずして、肩書きを持たないひとりの人間として巡礼を経験してみたいという気持ちも大きかった。

その行程は、遍路をはじめた二〇一九年四月十八日から、結願《けちがん》（お参りを終えること）し栄福寺に戻った二〇二〇年十二月十一日までの期間で、月に数日ずつ、合計六十八日間をかけてお参りする方法をとった。前回お参りを終えた場所までは電車やバスで向かい、同じ方法で栄福寺に帰る。それを八回繰り返した。

四十～五十日ほどでお参りする人が多い歩き遍路で、ずいぶん日数をかけたのは、じっくりとあせらず、寺では本堂と大師堂（弘法大師をまつったお堂）以外でも手を合わせるなど、一時間ぐらいかけてお参りしたいと考えたからだ。栄福寺でお迎えする歩き遍路さんの中には、宿の時間や総日数を意識して、先を急ぐ人も少なくなかった。仕事や家の事情、経済的な理由などを考えれば仕方がないことなのだけど、自分には「地の利」もあるのだから、「ゆっくり参る」ことを大事にしようと思った。

六十八日間の遍路を終えた今、想像以上の手応えを感じている。誤解を恐れず言えば、それは「有難い」ばかりでなく、とても「楽しく面白い」ことだった。

その手応えが、本書を通じて伝われば本望だ。

みなさんは、「四国遍路」に対してどのような印象を持っているだろうか。信仰深いおじいさんとおばあさんが、白装束を着て四国の地をお参りしている……。そのようなイメージを持っている人も多いだろうし、それは今でも四国遍路の大切な風景だ。

　しかし二〇〇一年、二十四歳で住職に就任以来、二十年間、遍路の現場でみてきたのは、年齢や動機など実に様々な人々だった。力試しのつもりで歩きにきた学生、失恋を癒す目的の若い女性、休みのたびに深夜バスで四国を訪れる現役世代、退職したら遍路を歩くことを目標にしてきた元会社員、もちろん死者の供養や修行目的の人も多い。

　その交通手段も、歩き・自動車・団体バス・自転車・バイクと様々。境内の駐車場には、高級輸入車からボロボロの自転車、クラシックカーや時には二人乗りのタンデム自転車まで多種多様な乗り物が並ぶ。

　お参りをする人の宗教的な関心も同様で、〝無宗教〟を自認している人から、本格的な修験者や僧侶までいて、クリスチャンなど他の宗教を信仰する人も多い。宗教的バックボーンが多様でありながらも、皆一様に白装束を身にまとい、金剛杖《こんごうづえ》を持って、たどたどしく読経をする——そんな姿を多く見かけるのも、四国遍路の特徴と言えるだろう。

　特に近年では外国人の参拝者が増加している（コロナ禍で減少したとはいえ）。日本の都市部とは異なった魅力を感じるためか、リピーターが増えているという。欧米やアジアなど地域を問わず、勤め先の銀行の休暇を利用して訪れたフランス人、北欧の日本文学翻訳者、チベット仏教や初期仏教の僧侶、ベトナムの在家仏教信者など様々だ。

その多様性は一見、「宗教とは無関係」のように思えるだろうが、すべての生物だけでなく、草や木などの自然やそこらに転がる石にまで仏性《ぶっしょう》（仏の性質）を見出した空海の思想と太く繋がっていると、僕は考えている。弘法大師は、いわゆる宗教者でありながら、既存イメージの中での〝宗教〟を軽やかに突き抜けるスケールを持っており、大師にとっては、まさにそれが「仏法」（ダルマ）であった。

空海は若き日の著作の中で、「阿国《あこく》（徳島）大滝嶽《たいりょうのたけ》に躋《のぼ》り攀《よ》じ、土州《としゅう》（高知）室戸崎《むろとのさき》に勤念《ごんねん》す」（『三教指帰《さんごうしいき》』）と記し、この四国の地で実際に修行したことをしっかりと書き残している。その場所を歩いた日々を、ぜひ一緒に味わってほしい。

本文の中では、折にふれて空海の言葉を引用した。四国遍路の途上で約千二百年前の弘法大師の言葉がどのように聞こえてくるか。そのことも一緒に体験してほしいと思っている。なお、その原文は漢文であるが、参考文献に挙げた書物から書き下しと現代語訳を引用・参照し、一部、著者（白川）の私訳をまじえ改変した。

令和五年（二〇二三）は、弘法大師・空海の生誕千二百五十年を記念する年である。この節目の年に本書を届けることにも、太くて大切な繋がりを感じた。

マイ遍路　札所住職が歩いた四国八十八ヶ所　　目次

はじめに　3

第一章　歩き遍路が始まる（一番霊山寺→二十二番平等寺）　15
「歩いてお寺をお参りするんだよ」／遍路の寺から遍路に向かう／我が力にあらず／「兄ちゃん、お経が上手いな」／遍路宿で情報を得る／寺ではゆっくり拝む／納経帳と線香を売っているコンビニ／新緑の季節、水田に囲まれて歩く／デンマーク人お遍路さんとの昼食／黄泉の国のような川中島／歩き遍路が真の遍路？／いきなり難関／下り坂で膝が痛む／遍路では男に注意／国分寺で貫首猊下に再会／徳島市街に入る／今までで一番楽しい旅／聖地中の聖地で空海を読む／「自受法楽」

第二章　高知の海辺をひたすら歩き続ける（二十三番薬王寺→二十四番最御崎寺）　61
ついに太平洋に到着／「迷悟、我に在り」／遍路の宿は食事も美味しい／思わぬホタル祭りの夜／半裸、全裸の入店お断り／強くなる痛みの中で／仙人との夜／「去去として原初に入る」／海の寺に吹く風

第三章　ひとりの楽しさと出会いのよろこび（三十五番津照寺→三十六番青龍寺）　83

遍路の再開は涼しい秋に／昨日は泳ぎました／お勤めが定まってくる／ドライブイン27／「四国仏教」としての四国遍路／海辺での修行／土佐くろしお鉄道の撮り鉄／大師に呼ばれる／穴の空いた石／思わぬ法話／さみしさもひとり遍路の魅力／弘法大師と話したおばあさん／「KUKAI　IN　YOU」／山本玄峰老師が出家した寺／スイス人彫師にとっての四国遍路／四国の清流、仁淀川／雨の宇佐大橋を渡る

第四章　「四万十川！四万十川！四万十川！」（三十七番岩本寺→三十八番金剛福寺）　125

宿がとれない／遍路問答は突然に／「オレ」は生きている限りずっといる／五つの本尊／「ひとり」の心地よさ／二者択一ではなくバランスをとる／鹿島で仏と死を思う／四万十川を歩いて渡る／馬が合う宿／足摺岬、補陀洛のような寺／「歩けるものだなあ」

第五章　愛媛に歩いて帰ってきた（三十九番延光寺→四十三番明石寺）　151
初日から暴風波浪警報／ついに「カメリア」に泊まる／はじめて山中に迷う／歩き続けて愛媛に戻ってくる／六塵悉く文字なり／獅子文六の部屋／宇和島に入る／友人の住職に再会／平安仏の冷たさ／痛みの中で出会った温泉／遍路は橋で杖を突かない

第六章　「逆風」を歩く（四十四番大宝寺→六十一番香園寺）　177
人々はこういう時代に手を合わせてきた／心ここにあらず／霧の日は晴れる／山岳修行の場・岩屋寺／朝夕と修行する姿をみれば／死の所去を悟らず／「どうしてお坊さんの格好をしていないんですか？」／空也上人と三輪田米山／裸だと勝負にならない／道後温泉も遍路道／「宿は逃げへん」／『八宗綱要』を書いた寺／リラックスした読経／栄福寺に帰ってくる／僕もコロナ不調になっていた／弘法大師像のある宿／聖地・星ヶ森での阿字観

第七章　弘法大師のふるさとへ（六十二番宝寿寺→七十八番郷照寺） 217
十一月の遍路がはじまった／お葬式に呼ばれる／子供の頃に住んでいた街／遍路を支える人たち／小林一茶の訪れた紅葉の山寺／歩き遍路の名物宿／「六大無碍にして常に瑜伽なり」／四国霊場、最高峰に登る／真言と天台の大師／「四種曼荼、各離れず」／遍路道のうどん屋／僕の大好きなお寺／弘法大師を救った釈迦如来／ついに弘法大師が生まれた場所へ／善通寺の宿坊に泊まる／遍路は終盤が危ない／最後の油断／岡田武史さんに教えてもらった禅僧

第八章　旅の終わり（七十九番天皇寺→八十八番大窪寺） 253
青春を過ぎても／郷照寺に再び参拝／天皇陵のある寺／源義経の古戦場／山の伽藍／力みのない善行／八十八番の山を登る／結願——月に大師を観じ／お祝いの赤飯／八十八番のあと／高野山へ

おわりに 282

【参考文献】 285

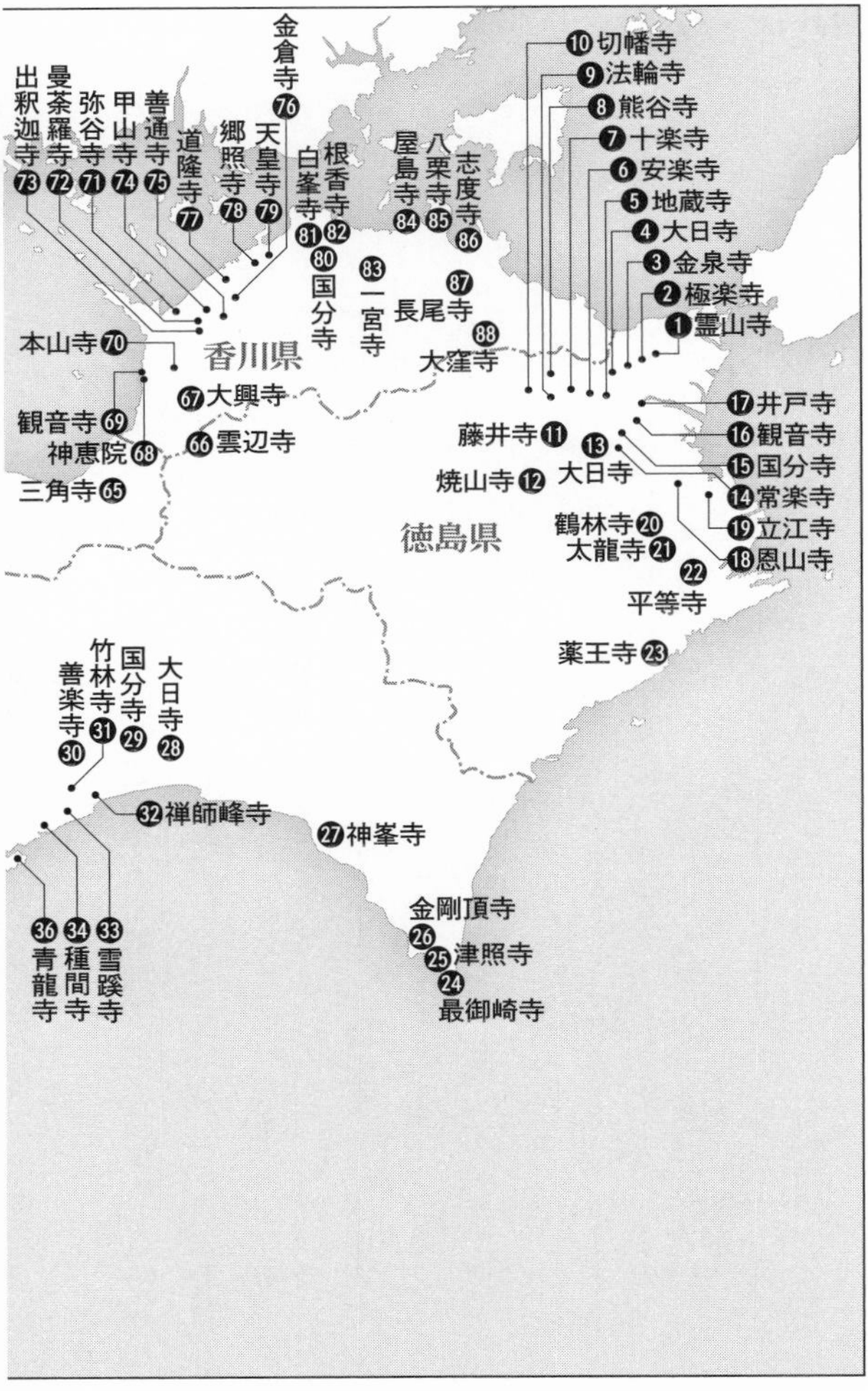

香川県
徳島県
1 霊山寺
2 極楽寺
3 金泉寺
4 大日寺
5 地蔵寺
6 安楽寺
7 十楽寺
8 熊谷寺
9 法輪寺
10 切幡寺
11 藤井寺
12 焼山寺
13 大日寺
14 常楽寺
15 国分寺
16 観音寺
17 井戸寺
18 恩山寺
19 立江寺
20 鶴林寺
21 太龍寺
22 平等寺
23 薬王寺
24 最御崎寺
25 津照寺
26 金剛頂寺
27 神峯寺
28 大日寺
29 国分寺
30 善楽寺
31 竹林寺
32 禅師峰寺
33 雪蹊寺
34 種間寺
36 青龍寺
65 三角寺
66 雲辺寺
67 大興寺
68 神恵院
69 観音寺
70 本山寺
71 弥谷寺
72 曼荼羅寺
73 出釈迦寺
74 甲山寺
75 善通寺
76 金倉寺
77 道隆寺
78 郷照寺
79 天皇寺
80 国分寺
81 白峯寺
82 根香寺
83 一宮寺
84 屋島寺
85 八栗寺
86 志度寺
87 長尾寺
88 大窪寺

延命寺 54
泰山寺 56
栄福寺 57
仙遊寺 58
55 南光坊
59 国分寺
円明寺 53
51 石手寺
63 吉祥寺
太山寺 52
50 繁多寺
64 前神寺
浄土寺 49
西林寺 48
香園寺 61
八坂寺 47
横峰寺 60
浄瑠璃寺 46
宝寿寺 62
大宝寺 44
45 岩屋寺
高知県
愛媛県
清瀧寺 35
明石寺
43
仏木寺
42
41
龍光寺
岩本寺 37
観自在寺 40
39 延光寺
0
20km
38 金剛福寺

地図作成　アトリエ・プラン

第一章　歩き遍路が始まる

・二〇一九年四月十八日〜二十六日

・一番霊山寺→二十二番平等寺

【2019年4月18日～26日】

「歩いてお寺をお参りするんだよ」

iPhoneの外付けバッテリーを購入することから、僕の四国遍路が始まった。

ひどい方向音痴で、ひとりで四国一周千二百キロの道を歩き通す自信はなかったからだ。まずはスマートフォンの地図アプリを一日中、使い続けられるように。そして住職をつとめる四国五十七番札所・栄福寺の大師堂にまつられた大師像が手に持つ念珠を新調し、遍路に出る一ヶ月ほど前からは、一日百回の五体投地の礼拝行を百日連続ではじめることにした。

出発前日は、荷造りに苦戦した。経本《きょうほん》に最低限の下着、雨具、小さな袈裟《けさ》、お賽銭用の小銭、各札所に納める納札《おさめふだ》、納経帳、写経用紙、地図、小さな懐中電灯、ハンドクリーム……次々に納めていくと大きなバックパックがすぐに一杯になる。相棒に決めたバックパックは、何年も前に購入したミレーの四十リットル。

歩き遍路では、「何を持っていくかではなく、いかに荷物を減らすかが勝負」とよく言われる。しかし遍路の途中でも空海の著作に触れてみたいと思い、そのコピーと、仏教関係の文庫本や新書をねじ込んだ。本を何冊も持っていく歩き遍路さんは少ないかもしれないが、そのあたりも含めて自分らしい「マイ遍路」でいいと思った。

荷造りをしていると四歳の次女が、不思議そうな顔をして、「どこに行くの？」と聞いてくる。「歩いてお寺をお参りするんだよ。四国を一周して」と言うと、「行ったら肉まん売ってないよ。大阪みたいに」と要領を得ないことを、心配顔でつぶやいた。

遍路の寺から遍路に向かう

翌四月十八日、栄福寺最寄りの今治駅から正午過ぎの電車に乗って、高松で乗り換え、一番札所最寄りである徳島の板東《ばんどう》駅まで約三時間かけて向かう。栄福寺の境内ではいつものように、お遍路さんが数名お参りをしている。「遍路の寺から遍路に向かう」というのが、すこし不思議な気分だ。

今治駅から、電車に乗り込む。金剛杖という弘法大師の化身とされる五輪塔の形をした杖を持ち、バックパックにくくり付けた菅笠《すげがさ》には、墨で「迷故三界城」（迷うが故に三界《さんがい》に城あり）「悟故十方空」（悟るが故に十方《じっぽう》は空《くう》なり）「本来無東西」（本来東西なく）「何処有南北」（いずくにか南北あらん）と仏典からの言葉が書かれている。異彩を放つ格好だが、ここ四国では日常の風景である。

電車のデッキで、一番札所近くの宿に電話をして予約をする。歩き遍路をする人が宿を予約するタイミングは様々だ。出発の何ヶ月も前から全行程の宿を予約する人も少なくないし、その日にどこまで歩くかわからないので、当日に予約する人もいる（その場合、宿での食事は予約できないこともある）。この日は当日になったが、僕の場合、遍路中はたいがい二日後の宿まで、予約することが多かった。

窓の外に目をやると、畑の中に小さなたくさんの鳥に囲まれた鮮やかな色の雉《きじ》が悠然とたたずんでいる。思わずこの極彩色の雉に四国遍路を生んだ弘法大師・空海を連想し、無数の小さな鳥の一羽に自分を見ていた。

我が力にあらず

目的地の板東駅に着いたと思い間違って降りたのは、少し手前の「板野駅《いたの》」だった。時間はまだ十五時過ぎだ。ここから一時間ほどの一番札所・霊山寺《りょうぜんじ》まで歩くのは、明日からのウォーミングアップにはちょうどいい。気を取り直してリュックから白衣《はくえ》を取り出し菅笠をかぶる。僧侶が四国遍路をお参りする時、黒い僧服の法衣《ほうえ》で歩く人もいるけれど、僕は一般的な白装束にすることにした。なにせ身軽であるし、どこか「僧侶」という看板を一旦おろしてお遍路さんと交じり合いたいというのが、今の自分の気持ちだった。一歩一歩、歩く背中には「南無《なむ》大師遍照金剛《だいしへんじょうこんごう》」そして「同行二人《どうぎょうににん》」の字が躍る。ひとりでも弘法大師とともにある、ということだ。

「来ること我が力に非《あら》ず、帰ること我が志に非ず」

——来ることができたのは私の力ではないし、帰るのも私の望みではない。（弘法大師空海『遍照発揮性霊集《へんじょうほっきしょうりょうしゅう》』巻第二）

四国遍路は、空海と縁の深い霊跡を巡る聖地巡礼だ。それもあるのか、どこか自分の意志でここに立っているというよりも、もっとふわりとした気分になる。

晴れ上がった気持ちのいい春の道を歩き始めると、遍路道らしい古い石仏が並び、田園風景がひろがる。まだ身も心も遍路に対してソワソワした気持ちで落ち着きがない。そこでふと思いつきリュックに鈴をつける。今回は正式な持鈴《じれい》ではないが、小さく簡易な鈴を用意していた。この鈴の音も春の四国の風物詩だ。歩きながらリンリンと鈴の音を聞き始めると、なぜか巡拝に心が落ち着いていく。

「兄ちゃん、お経が上手いな」

一時間ほど歩いて、四国霊場一番札所・霊山寺の山門をくぐる。伽藍《がらん》の多宝塔、鯉の泳ぐ放生池《ほうじょうち》を越えて、手水舎《ちょうずや》で手を洗い、鐘楼堂《しょうろうどう》で鐘を打つ。そして線香、灯明《とうみょう》（ローソク）、用意していた般若心経《はんにゃしんぎょう》の写経と、名前や日付を書いた納札をお供えする動きは、やはり心許ない。まだ遍路は始まったばかりなのだ。

釣灯籠《つりどうろう》が天井にずらり並ぶうす暗い本堂では、お参りの人たちが、手を合わせ読経して祈る。いつもは彼らを迎える僕もそれに交じり、賽銭を投じて「発菩提心真言《ほつぼだいしんしんごん》」や「般若心経」、本尊の真言などを唱えていく。

「兄ちゃん、ずいぶんお経が上手いな」

般若心経を唱え終わった後、七十歳ぐらいにみえる初老の男性お遍路さんから声をかけられた。

「いや、坊さんなんですよ」

「なんや本職か。上手いはずやなぁ」

霊山寺という寺名は、この地で二十一日間の修行をした空海が、教えを説く僧侶とその教えを聞く多くの修行者の姿を感得し、大師はその光景から釈尊（おシャカさん、ブッダのこと）が霊鷲山《りょうじゅせん》で説法する姿を思って、名づけたといわれている。

そういったエピソードをひとつひとつイメージすることも、遍路の面白いところだ。唱え慣れたお経や真言の言葉が、寺の縁起《えんぎ》と絡み合って、心に新しく浮かんでくる。

遍路では、本堂と大師堂は必ずお参りすることになっているので、大師堂でも参拝し、伽藍に点在する大小の諸尊にも合掌し頭をさげる。そして「納経所」と呼ばれる場所に行き、本尊釈迦如来や寺名を墨書きしていただき、札所番号や本尊、山号などの朱い印を押してもらう。これは写経を納め、本尊や大師に読経し祈りを捧げたあかしとして授与されるものだ。そのため四国遍路では、一般的な呼称である朱印帳と呼ぶのを避け、あえて「納経帳」と呼ぶならわしがある。納経とは本来、写経を納めることをいうが、遍路では、その受領のしるしに寺から墨書押印をいただくことを指す。そして納経を終えた後に、御影（おみえ、おすがた）と呼ばれる本尊の仏画が印刷された小さな紙を授かる。

納経帳の他にも、白衣や床の間にかける掛け軸にも納経印を授かることができて、朱くなった白衣を亡くなった人に着せたり、納経帳を棺桶に入れる習俗は、今でも目にすることが多い。僕は日常それを「書く」役割だが、書いていただく側にまわると、その寺の印象が、納経所の雰囲気にかなり影響されることを知った。

遍路宿で情報を得る

今日の宿は、霊山寺に近い「観梅苑」。道を間違えたので、二十分ほど歩いて宿に着く。観梅苑は夕食、朝食の二食付で七千二百円（当時。以下同）。宿を予約する時には、料金の他に朝食の時間と洗濯機、乾燥機の有無を尋ねることが多かった。この宿の朝食は六時半で、洗濯機、乾燥機も備えている。建物は一般的な民宿の遍路宿よりも少し大きめで、畳敷きのシンプルな部屋からは、花の咲いた小さな木が見えた。そこにバックパックだけを置くと、妙な解放感がある。

歩き遍路の楽しみは、この「宿」にもある。家族経営の小さな宿、たどり着いた町に一軒だけあるビジネスホテル、ガイドブックにはあまり載ることのない温泉宿。もちろんそこでは、宿の人や同宿の人から、様々な遍路の話を聞くことができる。そして地元の食材が並ぶ食事。

修行のためや宿にかかる費用を節約するため、また自由な雰囲気を好んで、寝袋とテントを使うお遍路さんもいるけれど、今回僕はすべて宿（寺の宿坊―参拝者のための宿―を含む）を利用して遍路をすることにした。

遍路中も百日百礼《ひゃくらい》の礼拝行を続けるつもりなので、まずは部屋で納経帳、先ほど授かった釈迦如来の御影を前にして五体投地の礼拝行。その後、夕食の食堂に集まったお遍路さんと話していると、定年退職を機に、ずっと憧れていた歩き遍路をはじめたという方が結構多いことがわかる。

「私は十二番の焼山寺《しょうさんじ》の宿坊が予約できたよ。時期によってはやってないみたいだけど」

「そうですか、僕も電話してみます」

「うん、相部屋みたいだね」

食事中の会話も貴重な情報源だ。夕食を終えて、宿に来る途中気になっていた大麻比《おおあさひ》古《こ》神社へ赤い橋を渡って参拝する。大きな楠《くすのき》を仰ぎ、さらに空をみると、満月が美しい。

霊山寺は、かつて大麻比古神社の別当寺《べっとうじ》（神社の境内に建立され祭祀や管理経営を司った寺）であり、霊山寺の後にここを訪れることができたのは、偶然だけどありがたいことだった。なによりも気ぜわしい日々の中で、夕食を終えて、月の下で春の神社の境内をぼんやりと歩くことが、なにか果てしないほど落ち着いた時間と感じる。訪問者も多い札所住職の自分には、今まであまりなかった時間だ。

宿に戻って、持参していた密教の修行法の書かれた「次第《しだい》」を広げる。仏具は何もないので正式な密教修法にはならないが、印を組み、真言を唱え、観想（密教教義に従って対象のイメージを思い浮かべる）、不完全な形ながら身体・言葉・心の「身口意《しんくい》」を用いた三密修行を試みる。遍路中も毎日、礼拝行と共に続けようと思っている。

「三密門を説きたまう。之れを密教と謂う」

――身体、言葉、心の三密の教えをお説きになられたのである。これを密教という。

（弘法大師空海『弁顕密二教論《べんけんみつにきょうろん》』）

この遍路は、寺の住職という立場から離れて、ひとりの遍路としてお参りしたいという思いと、僧侶として遍路に向かいあいたいという気持ちが両方ある。姿勢を正してしばらく拝んでいるだけで、遍路の巡拝がいよいよ始まったというような高ぶった心が少し落ち着いたようだった。

明日以降の宿も電話して押さえておく。あまり準備運動もせずに遍路に出たので、今日慣れない荷物を担いで一時間半歩いただけで、足は結構疲れている。明日は移動距離をかなり少なくして五番札所近くの遍路宿に早々に入る計画にした。

寺ではゆっくり拝む

翌朝、まずは礼拝行。百礼のうち、五十礼を済ませておいた。食堂で朝食をいただく。焼き魚に温かい味噌汁、切り干し大根、卵といった朝の定番メニューがうれしい。部屋で残り五十礼の礼拝行を終えて、出発する。宿の人が「おにぎりを握っておきました。持っていってください」と今日の昼用のおにぎりを無料で持たせてくださった。

二番札所へは、一番札所からわずか一・四キロの距離である。このあたりの八十八ヶ所の寺は、比較的近距離に点在しており、テンポ良く巡拝が進んでいく。

コンビニでライチジュースとチョコレートを購入。この遍路では、ずいぶんコンビニのラインアップに詳しくなった。**二番札所・極楽寺《ごくらくじ》**の山門をくぐる。立派な仁王門の奥には石の門もあり、現在、山門のない栄福寺では、「今治は石の産地だし、こんな石の門もいいなぁ」と思う。多くの寺を巡っていると住職としての伽藍構想にもヒントをもらえることが多かった。

石段を少し登って本堂と大師堂にお参り。しばらく歩いた後、朝の寺でお勤めするのは、爽快な気分だ。「願かけ地蔵」の前には、真新しい普段使いの湯飲みやマグカップが大量に供えられていて、現在進行形の素朴な信仰を肌で感じる。樹齢約千二百年、大師が植えたと伝わる長命杉の傍らでしばらく休むことにした。

前日に行程を計画する時、寺で参拝したり、見学したりする時間をできる限り一寺一時間はみることにした。多くのお遍路さんと比べると長い方だと思う。これは僕の歩き遍路の大切な要素だ。僧侶としてしっかり拝みたいということもあるけれど、歩きでの四国遍路は、「私は何日で結願した」と無意識でスピード競争のようになってしまうことがある。札所の納経所にいてよく感じることで、それは避けたかった。とにかく急がず、できる限りのんびりと廻る、しっかり休む。人生、最初で最後の八十八ヶ所参りになるかもしれないのだから、本堂と大師堂以外にも気になった諸堂や祠《ほこら》にも手を合わせたい。

寺を出ると未舗装の道に入り、土の上を歩いて柔らかな日に照らされているという歩き遍路の醍醐味がはじまる。そんな道のいたるところには、新旧の墓が点在していて生死のことわりを胸に受け止める。二番極楽寺から三番札所への道にも諏訪神社や伊田八《いたはち》幡《まん》神社があって、とにかく道中、無数に聖域や石仏がある。「日本人は信仰心がない」と言われることもあるけれど、遍路道ではその言葉が、あまりにピンとこない。

歩いていると爽やかな気分ばかりでなく、頭に妄念が湧きあがることも少なくない。今までの嫌な体験、きつかった言葉、スケベな気持ち。それらもふるい落とすことなく、ただ流れているままにすることにした。

三番札所の金泉寺《こんせんじ》は元の寺名を金光明寺《こんこうみょうじ》というが、弘法大師がこの地を訪れた際に井戸を掘り、その霊水が「黄金の井戸」とされたことから金泉寺と名をあらためた。『源平盛衰記』によると、源義経《よしつね》が屋島に向かう途中にこの寺で戦勝祈願をして、家来の武蔵坊弁慶が持ち上げたといわれる石が残る。

境内で腰かけて、不意に飲みたくなった何年かぶりの缶コーヒーを飲んでいると、北海道からのお遍路さんに話しかけられる。彼は自転車で遍路をお参りしている。定年退職した後、船で世界を旅することもあるらしい。

「クルーズ船ではね、僕たちおっさんたちの間で、若い女の子と友だちになりたくて取り合いになった。なかなか大変なんだよ」

「それは結構楽しそうだけど、気苦労が絶えませんね。ホッとする暇もなさそう」

「そうなの。大変なの。和尚さんも修行だろうけれど、娑婆《しゃば》の苦労を知っといた方がいいよ」

人と話すと、思いがけないほど時間を食う。油断するとついつい長話になるのだ。恐らく敬虔な修行者の多くは、こういった無駄話を嫌うだろう。でも僕は、今回の遍路であえてじっくり無駄話をしてみることにした。

納経所では、書き手の女性から、「間違ったらごめんなさい。五十七番の栄福寺さんですか?」と尋ねられる。僕は今回の遍路の中で、自分が僧侶であることも、札所の住職であることも、できるだけ自分からは伝えないことにしていた。そのかわり「お坊さんですか?」もしくは「栄福寺さんですか?」と尋ねられたら、正直に答えることにした。

「そうなんです、栄福寺です。今、遍路を歩いています」

同じ札所の寺として、普段からお世話になっているお礼を伝え、出発しようとすると、またお遍路さんの女性と会話になる。

「私は寝袋とテントをもって遍路しているんです。そうすると鳥の声で目が覚めるのが最高なんです。そして外でコーヒーを飲む」とうれしそうな笑顔をみせた。

納経帳と線香を売っているコンビニ

続く**四番札所・大日寺《だいにちじ》**への道は、五キロほど。僕は道の途中で写真を撮ったり、メモを書きながら、だいたい一キロ十六分ぐらいで歩いているようだ。大日寺までは、のぼり坂を一時間半ほどで着く。大汗をかいて歩いていると、雑念は浮かびにくい。寺に着いてから地図を見返していると、どうやら少し道を間違えて遠回りして歩いたようだった。山寺の雰囲気にあらためて遍路が始まったという気持ちになる。大師堂には、両面大師という背景が黒色と白色の空海が描かれた掛け軸が二幅かけられていて、それぞれ「夜の大師」「昼の大師」をあらわしているという。

大日寺を後にして、**五番札所・地蔵寺《じぞうじ》**に向かう。

地蔵寺に着く頃には、もう十五時を過ぎていた。この寺は、四万平方メートル（約一万二千坪）という広大な規模を誇る。本堂の奥にある石段をのぼって奥の院、羅漢《らかん》堂に向かう。寺の住所が「板野町羅漢」となっているのも、このお堂が由来だろうか。暗いお堂の中で、大正時代の火災から残った約二百の羅漢像とじっくり時を過ごす。

宿の「おんやど森本屋」に着く頃には、すでに陽が傾いていた。森本屋は、地蔵寺の門前の宿だ。木造民家を改修した宿で、結構居心地がいい。伝統的な遍路習俗では、宿に着くと、まず弘法大師の象徴である金剛杖を水で洗い、部屋に持ち込んで床の間などの上座に安置することになっているが、今では、それができない宿もある。しかしこの森本屋は、まずは杖を洗い部屋に持ち込むことを勧めてくださった。

最寄りのコンビニに足を運ぶと「遍路コーナー」の棚があり、菅笠、納経帳、ガイドブック、数珠《じゅず》、線香、参拝用の頭陀《ずだ》袋などが並んでいるのは、さすが四国札所近くのコンビニである。

風呂の後の夕食で、同宿の歩き遍路さんの多くが、「歩いた後のビールはたまらない」と口を揃えるが、僕はこの年の二月に弘法大師が密教を授かった中国・西安へ参拝に行き、その日から一年間の禁酒を発願していた。しかしそのおかげで、メモの整理をしたり、翌日の予定を立てたりしながら、静かな夜を味わえた恩恵も大きかった。明日の計画をノートにメモしていくと、今日よりは忙しそうだ。そしてまた密教の次第を開き、印を組み真言を唱え、観想する。

新緑の季節、水田に囲まれて歩く

翌日、四月二十日は六時前には朝食を用意してくださっていた。しかし今日のように日程が厳しいと、朝、納経のはじまる七時に最初の寺を拝み終わるか、それとも宿で朝食を食べるかというのは難しい選択でもある。トイレを済ませて、宿の支払い。六千五百円＋三百円の洗濯代。六時四十分に宿を出発する。相変わらず早朝に歩みを進めるのは、いい気分だ。これだけで「遍路に来てよかった」とさえ思う。

途中、遍路道の石塔群をみると江戸時代に建立された石の中央に大きく「光明真言百万遍」、同じ石の両脇に小さく「南無阿弥陀仏《なむあみだぶつ》百万遍」「南無大師遍照金剛百万遍」と書かれており、恐らくは庶民の間でも真言信仰、念仏信仰、大師信仰が入り交じって実践されていた様子が窺えて興味深い。

八時頃には**六番札所・安楽寺《あんらくじ》**に着く。ここは高野山大学時代の同級生僧侶の実家なのだが、寺が忙しい早朝でもあり声をかけるのは控えた。歩き遍路は、日時が読めないので、知り合いのお寺へ行く時も事前に連絡することは控え、「偶然、会えたら有難い」という方針にすることにした。

安楽寺は、鐘楼門、多宝塔、観音堂などの諸堂の他にも茅葺きの本坊《ほんぼう》（寺で住職の住む僧坊）を構える。山号である「温泉山」の名の通り、弘法大師伝説の残る温泉が寺の縁起となっている。四百年前から「駅路寺《えきろじ》」として四国遍路や旅人の宿泊所があり、今でも宿坊には温泉がある。

今日は、地元大学生の一泊遍路体験が行われているようで、眠たそうな若者が、目をこすりながら所在なさげにたたずんでいた。「お遍路楽しいですか？」と声をかけると、「うーん、ぼちぼちです！」と笑う。

七番札所・十楽寺《じゅうらくじ》までは、一・二キロと近い。ここにも立派な宿坊があり、本堂で朝のお勤めもしたいし、順路によっては寺の宿坊にも泊まりたいと思う。このお寺もそうだが、徳島の札所寺院は土佐《とさ》の武将、長宗我部元親《ちょうそかべもとちか》の兵火によって被害を受けた寺が多い（十楽寺の堂塔が焼失したのは一五八二年）。**八番札所・熊谷寺《くまだにじ》**へむかう道沿いの畑では紫の花が一面に咲き誇り、さらに進むと田植えをしている。水の張られた水田の道は、風が涼しい。

熊谷寺に着くと広い境内地に高さ十三メートルを超える大きな仁王門、多宝塔、持国天、多聞天を擁する二天門（中門）が点在し、諸堂へ連なる参道は、新緑が日差しを柔らかく抑える。先ほどの田植えの風景とも合わせて、僕はこの新緑の季節が一番好きだ。空海がこの地で修行中、紀州・熊野権現《ごんげん》が現れ、金の観音像を授けたことにこの寺の縁起がはじまる。

デンマーク人お遍路さんとの昼食

熊谷寺を出発すると、このあたりの水田からは、土と水と太陽が混じり合った日だまりのような匂いがして、心地よく遍路道に充満している。しかし時計を眺めているとどうしても、急ぐ気持ちも込みあげてくる。この道中の行程が遍路なのだから、一歩一歩を味わいながらゆったり歩こうぜ、と何度も自分に声をかける。

「飛雷猶《なお》未だ動かず　蟄《ちっ》蟄《き》封を開くに匪《あら》ず　巻舒一己《けんじょいっこ》に非ず　行蔵六龍《こうぞうりくりょう》に任す」

――雷がまだ鳴らない時は　冬眠中の虫も穴を出るわけにはいきません。退くか進むかも個人の問題ではありません。行くか留まるかは、時の流れに任せましょう。（弘法大師空海『遍照発揮性霊集』巻第一）

弘法大師がそう言うように、あらゆることが無闇に自分の意志では動かせない。退くか進むか、あせらず四国の大地に任せよう。

九番札所・法輪寺《ほうりんじ》は、必ずしも大きくはない境内地に、広々としたゆったりできる休憩所があり、お遍路さんを迎える心を強く感じるお寺。こちらの本尊は、四国札所唯一の釈迦涅槃《ねはん》像で、それを描いた御影も、釈尊を取り囲む猫や象の姿が、どこかのんびりしていて心が和む。この地で大師は、仏の使いといわれる白蛇に出会い、この寺を開基したといわれる。境内では、髭をたくわえた二十代にみえるデンマーク人の若者と、白衣姿のアメリカ人中年男性がお参りしていて、デンマーク人お遍路さんは、寺のベンチでしばらく瞑想をしていた。

お参りを終えて、門前にある小さな茶屋風の店で、昼食にすることにした。先ほどの外国人二人も入ってきて自然と相席になった。勝手のわからない二人が次々と僕に英語でたずねてくるので、僕も片言で答える。

「あのメニューはなんですか」

「ジャパニーズ・ヌードル。つまり〝うどん〟」

二人は「かやくうどん」を注文。僕は、この地の名物らしい「たらいうどん」を選んだ。「これは食べられるの？」と、かやくうどんにのった鳴門金時（芋）の天ぷらを指さしている。

「もちろん食べられる。スイート・ポテトだよ。美味いよ」

「じゃあ、これはなに？」

「セブン・フレーバー・チリ。日本語では〝七味唐辛子〟っていうんだよ（実際にはseven spice blendというみたいだ）」

「シチミトーガラシ」そうつぶやくと、アメリカ人はスナップのきいた手つきで盛大に振りかけはじめた。

十番札所・切幡寺《きりはたじ》への道は、四キロほど。畑に並ぶ六地蔵の脇にある「へんろ道　スピードおとせ！」という看板が目についた。田舎の道で歩いている人はさほど多くはないが、遍路道は例外だ。僕も、服装や靴はできる限り派手な色のものを選び、反射テープを腕や足に巻きつけることにしていた。札所番号が書かれた古い石の道しるべも可愛い。何百年も前から人は同じ道を歩いていたのだと、しばらく想像にふけった。

切幡寺は山の中腹にある寺で、近づくと細い参道に入り、宿や表装屋、巡拝用品店が並ぶ様子は、往年の遍路の風景を残している。以前、この寺を訪れた時は土砂降りの雨であったため、日差しあふれる今日は、まったく違う晴れやかな様子。山門をくぐると、山麓から本堂まで三百三十三段の石段を登り、呼吸が乱れ、汗が噴き出る。本堂からさらにのぼる二重の大塔は大阪の住吉大社神宮寺より移築した重要文化財だ。お堂の前で拝んでいると、参拝者が「今日は、母の命日だから」と話す言葉が、耳に入ってくる。

黄泉の国のような川中島

今日の札所の参拝は終わり、宿泊地に向かう。到着は夕方になるだろう。雄大な吉野川の中州（善入寺島《ぜんにゅうじとう》）を幅のせまい潜水橋（増水時には橋が川の中に潜る）を通って渡る。はやくも遍路のハイライトのような景色が広がり、湿気の多い川中島の畑を歩いていると、死者の魂が向かう黄泉《よみ》の国を歩いているような気持ちになる不思議な場所だ。

そんな気分に浸りながらも、少々くたびれて腰を下ろしていると軽トラがとまる。おじさんが降りてきて、「これ、お接待《せったい》です」と丁寧にナイロンバッグに入った「おにぎりせんべい」とイチゴミルク飴をいただく。

四国遍路の代名詞のようにもなっているお接待。四国の人は、巡拝者に対して色々なものをさしあげる。お遍路さんは、「南無大師遍照金剛」と唱え、それを受ける。僕が住職をつとめる栄福寺でも、お菓子や弁当、時には自分の描いた油絵をお接待する方々がおられる。興味深いのは、その風習が若い人を含め年齢を問わず残っていること。そして個人ばかりではなく、銀行の周年事業として今治タオルを札所でお接待したり、様々な形態があることだ。疲れた身体にイチゴミルク飴の甘みが染みわたり、まさにほっぺたが痛い。

今日の宿泊地である「セントラルホテル鴨島《かもじま》」（素泊まり七千四百十円）の近くで夕食をとろうと、鴨島飯店に着いたのは十八時。最初に予約の電話をしたのは次の十一番札所近くの民宿で、一杯で予約できなかったのだが、その民宿にしていたら暗くなっていただろう。ホテルはJR鴨島駅前の大きな建物で、白装束で入るのが場違いな気もしたけれど、ホテルの方はお遍路さんに慣れているようだった。遍路宿もいいけれど、こういったホテルで好きな時間に風呂に入り、椅子で足を休めるのもまた快適だ。

様々な人々と触れあうのも遍路の魅力のひとつだが、時には「ひとり」の時間をじっくり積み重ねるように過ごすのも大切。遍路を歩くと、「誰かといる」「ひとりでいる」その〝両方〟が、自分にとって必要不可欠であることに気づく。歩いている時よりも部

徳島県吉野川市にある十一番札所・藤井寺

屋にいる時のほうが、足が筋肉痛でガチガチである。しかし、この「体が疲れ切る」というのも、現代においては、むしろ遍路の功徳のひとつかと思うほど、頭はリラックスしている。

歩き遍路が真の遍路？

五時に目を覚ますと、当然ながら足が痛い。まずはいつもの五体投地百礼、密教次第による三密修行。疲れてはいるが、真言を唱え身体があたたまった方がすっきりとする。僕は、荷物の中にテニスボールを持ってきており、宿での夜は毎日、ピラティスの先生に教えてもらったテニスボールを使った足裏、ふくらはぎ、背中のマッサージを続けていた。これにはずいぶん助けられた実感がある。

早々にホテルを発ち、朝食はコンビニで食べることにした。十一番をお参りした後は山を登るので、昼食もここで弁当を買っておく。八時半に**十一番札所・藤井寺**《ふじいでら》に到着した。本堂と大師堂を拝み終えると数十名のバスでの団体参拝のお遍路さんが声を合わせて読経をはじめ、境内にたくさんの白装束が並ぶ。これもまた四国遍路らしい好きな風景だ。歩き遍路の魔境は、「歩いている自分こそ真の遍路だ」と感じてしまう錯覚にある。これも札所寺の住職として、気づいたこと。汗をかき、苦労を重ねると陥りやすい心理だ。車のお遍路さんや団体のお遍路さんと、同じ場所を共有するという当たり前の気持ちを持っていたい。

この寺の宗派は臨済宗《りんざいしゅう》である。よく「真言宗を興した空海の聖地巡礼なのに、なぜ四国の札所にはあらゆる宗派があるのですか?」と聞かれる。それは長い歴史の中でお寺の宗派や寺名などは、普通に考えられているよりも様々な変遷をみせるからだ。この藤井寺も、大師が厄年の四十二歳で建立したと伝えられ、その後、真言密教の寺として栄えたが、兵火によって焼失。延宝二年(一六七四)、臨済宗の南山国師《なんざんこくし》が再興して、その時に宗派も臨済宗となっている。自分は真言宗の僧侶ではあるが、様々な宗派の僧侶とのつながりも多く、また坐禅のまねごとをすることもあるため、真言宗以外の寺を参拝するのも楽しみだった。

いきなり難関

この寺の奥にある登り口から、いよいよ最初にして最大の難所とも言われる標高八百メートルの十二番札所・焼山寺に登り始める。すぐに二十代の海外からの歩き遍路さん二人と一緒になった。女性はアメリカのフロリダからで、男性はイタリアから。

「僕はイタリア初のヘンロ・ユーチューバーになるつもりだ。だから重いけれどパソコンを背負っている。でもやはり重すぎる」

海外からの歩き遍路さんは、この二人のように綺麗な川を見つけると靴下を脱いで入っていったり、その場その場を味わっているようだった。ひたすら山道を登っていると、街や海を見渡せる絶景の場所に着く。フロリダ遍路が、風景に向かって大げさな投げキッスを決める。このあたりは、やはりアメリカンスタイルだ。休みながら三時間ほど歩き、柳水庵《りゅうすいあん》の湧き水で口を潤し昼食とする。

昼食を終えて、再び山を登り、風に飛ぶ葉を目で追いかけながら、弘法大師と話をしているような気分になる。ここでは、そんな妄想も許される気がした。

「然《しか》なり。我れ当に汝が為に日輪《にちりん》を飛ばして暗《あん》を破し、金剛を揮《ふる》って（以て）迷《めい》を摧《くだ》かん」

――よろしい。私はあなたのために、太陽を呼び寄せてあなたの暗闇に纏《まと》われたような疑念を晴らし、金剛杵《こんごうしょ》をふるってあなたの疑念を砕きましょう。（弘法大師空海『弁顕密二教論』）

やがて大きな大師像のある浄蓮庵《じょうれんあん》に出て、思わず「南無大師遍照金剛」と何度もお唱えしていた。途中、水が緑色に見えるような清流を観ながら再び登り続けると、自然石を用いた石垣が現れ、ついに焼山寺の山門に出る。運動不足もあり八時間は覚悟していたが、マイペースで歩いても約六時間で登ることができた。それでも十五時頃になっており、やはり朝は一時間でも早く動き始めることの大切さを知る。

焼山寺の境内は、杉の巨木がところどころ立ち並ぶ深山の霊気あふれる聖地で、今までになく落ち着いた気分で、本堂と大師堂を拝むことができた。この寺は大師が、山を

徳島県神山町にある十二番札所・焼山寺

火の海にした大蛇を虚空蔵菩薩《こくうぞうぼさつ》の加護で封じ込めた伝説が残る場所であり、僕も火事除けのお札を買い求め、自分の住む寺の台所に貼ることにした。

下り坂で膝が痛む

今日の宿は、焼山寺の宿坊にすることにした。はじめての宿坊だ。知らない人との相部屋だったが、偶然一緒の部屋を使うことになったのは、初日の宿で、この焼山寺の宿坊を教えてくれた自動車工場を定年退職したばかりという、気のいいおじさんだった（ちなみに遍路中の宿で相部屋はここのみであった）。

夕食を終えて明日以降の計画を練っていると、旅路でおじさんと知り合いになったという若い女性が、「ちょっとルートを相談したいのですが、よろしいですか？」と部屋に入ってきた。色々と話していると、「明日の山道が不安なので朝一緒に三人でスタートしませんか」とのことだったが、僕は時間の関係で二人とは別れ、ひとりで行くことにする。別の部屋では、浴衣を着たフロリダ遍路とイタリア遍路が、なにやら楽しそうに話に花を咲かせ、となりの部屋で日本人夫婦が小さく神妙な声で話している。そうしてこの山寺の夜は更けていった。

せっかく宿坊に泊まったので、五時に起きて数珠を持ち境内に出てみる。昨日とはまた違う厳かさがあり、淡い青の色彩が、境内に立ち込めているような感覚を受けた。朝は人気のない場所なので、思い切って砂利の敷いてある大師堂の前で五体投地百礼をさせていただき、昨日通った山門まで下りていって、山の香りを思いきり吸い込む。焼山寺の宿坊は、二食付で六千円だった。

宿を発ち昨日とは一転、山を下ることになる。遠い山裾に広がる小さな集落の景色が美しい。河原で休んだり小さな橋を越えたりしていると、昼過ぎにささやかな街を通りかかり、小さな商店でカップヌードルとバナナ、お菓子を買って、お湯をいただいてその場で食べる。ここでも店のおばあちゃんと長い時間、話し込むことになった。店を出て未舗装の遍路道に進もうとしていると、郵便局の車が通りかかり、「こっちの道は、台風で崩れているかもしれない。暑いけど車道のほうがいいよ」と教えてくださった。各地で遍路道が荒れている所もあり、こういった現地の人のアドバイスに何度も助けられる。

しばらく歩いていると、今まで筋肉痛はあっても、歩くのに差し支えることのなかった体に、痛みが出始める。まず左膝に痛みがあり、それをかばおうとした右膝が歩き続けられないほど痛む。何度も立ち止まって、マッサージしながら、思わぬ時間をかけて徳島市内に入り、県道沿いの**十三番札所・大日寺**《だいにちじ》に到着した。この場所でかつて大師が護摩の修法をすると、空から大日如来が舞い降りた。そのお告げに従い、堂宇《どうう》を建立したと伝わる。もとは道の向かいにある一宮神社の別当寺であったが、明治の神仏分離で分かれた。境内を歩くと艶消しのような青い敷石が上品で綺麗だ。膝の痛みはだいぶやわらいでいた。

遍路では男に注意

納経所の近くに置いてあるお接待のはっさくをひとつリュックにいただいて、今日の宿、寺のすぐ近くの「名西旅館《みょうざい》　花」（二食付七千円）に向かう。かつての本館の建物に手書きで「本館はヤメタヨ」と大書した看板が設置してあり、なんともカジュアルな様子だ。宿の玄関には、輪袈裟をかけたショーケンこと萩原健一さんと女将さんが一緒に写った写真が飾られている。さっそく風呂で体を休め、先ほどのはっさくを食べると心底美味い。

宿の夕食では、ロードバイクの自転車で、もう九回遍路を廻っているという五十歳の東京からのお遍路さんと、今回は八十八ヶ所を逆廻りで参拝する「逆打《ぎゃくう》ち」といわれるお参りをしている年輩男性と一緒になった。彼もベテラン歩き遍路さんだ。

「ガス欠になるから、体のことを考えるなら宿で温かい朝食をとることをお勧めするよ。あと、気になるのは女性のお遍路さんに色々と説教してるおじさん遍路が多いこと。遍路では男に注意だよ！」

自転車遍路さんの声が興奮してだんだん大きくなると、逆打ち遍路さんが、彼を指さした。

「お前のことだよっ」

と言うと、食事会場のみんなが笑う。アクは強いが、話していて嫌な気分がしないのは、二人が話すたびに「人それぞれだよ」と思い出すように言うためだった。逆打ち遍路さんは、野宿と相部屋をしないことをマイルールにしているが、それを人に強要するつもりはまったくなく、あくまで自分がそうしたいから、そうしているだけだと、繰り返し言っていた。部屋に戻り、朝できなかった密教次第を用いての修行。なぜかいつもこの時間が落ち着く。

国分寺で貫首猊下に再会

翌朝、出発する前に、女性のお遍路さんから「お坊さんですか？　道中、困った時に連絡取り合いたいから、ＬＩＮＥのＩＤを教えてくれませんか」と聞かれる。「ＬＩＮＥは、使い慣れていなくてよく知らないんですよ」と答えると、「じゃあ、後でこの番号にショートメール頂戴ね」と納札に書かれた携帯番号を受けとる。連絡することはなかったけれど、道中、不安もありそうだったので、もっと心を開いて力になれれば良かったのかもしれない。

歩き始めると、すぐに小便がしたくなる。朝のお茶やコーヒーの飲み過ぎには注意が必要だ。鮎喰《あくい》川にかかる橋をわたり、出会った子供たちがお遍路さんの僕を見つけお菓子をお接待してくれた。大日寺から二キロほどの十四番札所・常楽寺《じょうらくじ》に近づくと、寺の運営する児童養護施設の建物が見えてくる。寺に入り、石段をのぼるとゴツゴツとした天然の岩盤がそのまま境内地になっている「流水岩の庭」が、日本人の自然と一体になった宗教性をよく表していて、一度訪れるとその景色が忘れられない。膝は触るとまだ痛いが、昨日しっくりこなかったお勤めが、今日は感覚として悪くない。「きちんと拝む」という強い意気込みよりも、身心を自分なりに研ぎ澄まして、ゆったりとした感覚で拝んでみた。この寺の本尊は四国霊場唯一の弥勒《みろく》菩薩。弥勒菩薩は、弘法大師の御本地（本来の姿）としても信仰されるので、お遍路さんにとっては特別な思いの人も多いだろう。

納経所を出た後で、アララギの木の股に大師像が鎮座していることに気づく。ベンチで休んでいると、猫が二匹寄ってきて、猫好きの僕としては、うれしいお参りスタートだ。

「お寺の猫なんですか？」

「いや集まってくるんです。夕方にはいなくなるので、自分の家にかえっているのでしょう」

続く十五番札所・国分寺《こくぶんじ》へは一キロにも満たない距離でさらに近い。駐車場に着くと、バスの団体遍路さんたちがおられ、それを率いるのは、驚いたことに神奈川県の川崎大師平間寺のトップである貫首《かんす》、藤田隆乗猊下《げいか》だった。前の年に夏期講座の講師としてお招きいただき、講演後に猊下の部屋で、四国遍路のお話をずいぶん聞かせていただいた記憶が新しい。川崎大師の団体参拝では、遍路を終えた後に有志で集まることがあり、新しいコミュニティーのきっかけにもなっているようだった。

「ひげ面で申し訳ありません」

「それがいいんだよ！」

川崎大師の僧侶の皆さんに「白川さん、ずいぶん灼けてますね」と声をかけられ、「ええ。栄福寺に戻ったら、ハワイから帰ってきたと言われるでしょう」と答える。そういえばずいぶん顔も真っ黒になってきた。

徳島市街に入る

奈良時代の天平十三年（七四一）、聖武《しょうむ》天皇によって六十を超える地に国分寺、国分尼《に》寺が創建された。ここ阿波《あわ》の国分寺は、庭園や本堂の改修工事が行われていて、境内で僕が休んでいると、地元のおばあちゃんが「また来年もきてな〜」と声をかけてくれた。母が徳島で生まれた僕にとって、徳島の言葉はどこか柔らかい。

このあたりは再び札所が密集しており次の**十六番札所・観音寺**《かんおんじ》まで一・八キロ。遍路寺は、山や海の寺ばかりでなく、主に旧道に沿った「街の寺」があるのも魅力のひとつであるが、観音寺も民家の建ち並ぶ地域にある。

十七番札所・井戸寺《いどじ》は、かつて末寺十二坊を誇った名刹《めいさつ》で、本尊は『薬師瑠璃光七仏《やくしるりこうしちぶつ》本願功徳経《ほんがんくどくきょう》』に説かれている全国でも珍しい七つの薬師如来（七仏薬師）。寺名の由来になっている大師が錫杖《しゃくじょう》で掘ったと伝わる伝説の井戸が、今も「日限《ひぎり》大師堂」の中で大切に信仰されている。納経をしてくださったのは、霊場の集まりでもよく顔を合わせる年下の副住職さんだった。「おお。密成さんやないですか」「お坊さんに納経をしてもらえるのは、やっぱりありがたいよ」

寺を出て、次の札所までは二十キロほどあるので、途中で宿に入る予定だ。歩いていると、市街地に入り、「中華そば　いのたに」といういかにも地元で人気のありそうな店が目に入る。田舎道もいいが、街の勢いを感じてわくわくするのも人間の生理だ。コンビニで飲み物を買い休んでいると、駐車場で車から降りてこられたのは、祖父が生まれた徳島の寺の奥様であり、お互い驚きの声をあげた。

十八時前に、今日の宿「ビジネスホテル　オリエント」（朝食付四千円）に着く。こぢんまりとした一般的なビジネスホテルだが、入口のガラス戸には、「四国霊場先達推薦の宿」というステッカーが貼ってある。フロントの壁に各色の納札がたくさん貼られているのは、さすが遍路道沿いのビジネスホテルだ（納札は寺に納めるだけでなく、お遍路さんの名刺のように使われることがある）。

今までで一番楽しい旅

四月二十四日、朝起きると雨が降っていた。遍路をスタートして初めての雨の日である。部屋で礼拝行を終えて、「五体投地がなければ朝のスケジュールにもっと余裕があるな」と思うけれど、一度始めたことなので続けよう。雨を眺めながらいただくサイフォンで落とすコーヒー、トースト、ゆで卵が妙に美味しく感じる。

いつもは歩き遍路さんの多くが持つ、黄色い地図の本（へんろみち保存協力会編）を広げて見ているが、雨の日にそうすると濡れてしまう。そこで防水の携帯電話で地図の写真を撮り、必要な時にはそれを見て歩くことにした。そうすると地図をズームアップすることもでき、結局晴れの日もずっとこの方法で、地図を見ることになった。これにグーグルマップで現在地と方向をつかむと、地図に弱い僕でもわりとスムーズに歩くことができる。スマートフォン片手の現代歩き遍路をよく思わない人もいるのは承知しているが、僕の場合は正直ずいぶん助けられた。もちろん現地の案内を最優先することは言うまでもない。

ゴアテックスの上下で雨の中を歩くのは、最初はある種の爽快感もあったが、段々体が冷えてくる。冷田《つめた》川、園瀬川、大松川、勝浦川を越えて少し登り、三時間弱歩いて**十八番札所・恩山寺《おんざんじ》**に着いた。寺の山号は「母養山」であり、この地で修行していた弘法大師を、母親が訪ねてきて、その後、剃髪した髪を奉納されたという縁起からその名が付いている。いつもなら寺でゆっくりとお勤めをするところだが、雨の日は足を止めているとさらに体が冷えてくる。お勤めの経は、自然と早口になってしまうが、どこかでお遍路さんが口にした「遊びで参っとんじゃない」という言葉が耳に残り、気を引き締める。

十九番に向かい山の道に入ると木々が雨を防いでくれて、体がまた温まってくる。雨に濡れた竹はいつもよりも色を増し、その瑞々しい緑色が心に飛び込んでくるようだ。

「ああ、本当に今までの旅の中で一番楽しいな」

実は、遍路の中で何度も感じたことだ。遊びではない、でも今までで一番楽しい旅。雨に濡れながら山の中を歩き、寺で拝んで人と話し、食事をして次の道を決める。そのことが、僕の中にある何かを心地よく触り続ける。

寺に近づき赤い橋を渡ると門前の商店が何軒か並び、**十九番札所・立江寺《たつえじ》**に着いた。立江寺は、多宝塔や護摩《ごま》堂など諸堂が並び「阿波の関所」と呼ばれる札所で、江戸時代、罪を犯した人が受けた仏罰を語る故事が残る。こういった場所で、古《いにしえ》のお遍路さんたちも、今までの自分の人生を振り返り、懺悔の気持ちが自然と喚起されてきたのだろう。

僕は今までどんな罪を犯し、人を傷つけてきただろう。人を恨んでばかりもいられない。

遅くなって宿の方に心配を掛けないように「今から二時間半ぐらいかかりそうです」と電話で伝えると「そこからだと二時間ぐらいで来られるでしょう」とのこと。再び、雨の道を進み勝浦町に入る。強くなる雨の中で不意に「死」のことが頭にめぐってくる。死は青空のような究極の自然だ。そして、僕たちは生きながらにして死を内包している。そしてこの肉体も、今考えているこの思いも、土や雨と同じまったくの自然物なのだ。

道の駅「ひなの里かつうら」に着く。今日の宿の人が、ここまで車で迎えに来てくれて、翌朝、またここに運んでくれることになっている。軽のワゴン車で閉校になった小学校の校舎を利用した「ふれあいの里さかもと」（二食付七千円）に到着した。

「昨日は、八人のお遍路さんが泊まっていたんですが、今日はお客さんひとりなんです」

閉校小学校を独り占め。ちょっと恐いかも、と一瞬思ったが、スタッフは親切で雰囲気も明るい。まずは濡れた物を乾かすために乾燥して暖かい機械室に、靴やリュックを置かせてくれた。夕食は、焼いた鮎と共に出された地元の野菜が新鮮で美味しい。ロビーに置いてあった遍路の本を何冊かパラパラとめくる。

聖地中の聖地で空海を読む

朝起きると、曇ってはいるが雨はやんでいる。今日はふたつの山のお寺に登る日だ。まずは標高約五百メートルの山頂近くに建つ二十番札所・鶴林寺《かくりんじ》へ。山の参道には、約六百五十年前の丁石《ちょういし》がいくつも残っており、霧の中を深山の木立の中へ進んでいく。

鶴林寺は、弘法大師の修行中、二羽の白鶴が地蔵《じぞう》菩薩を守護したという伝説が残り、山門や境内に対になった鶴の彫刻が鎮座する。境内でつまずいて転んだお遍路さんに手

難所のひとつ、二十番札所・鶴林寺への遍路道

を伸ばして「大丈夫ですか？」と聞くと、「あなた札所のご住職でしょ！」と驚いた様子だった。何度か四国をお参りし、栄福寺で僕と会う機会があったようだ。「札所のご住職がこうやってお参りされているのが、私は本当にうれしいです。今日は、正御影供《しょうみえく》だから次の太龍寺《たいりゅうじ》のお大師さんは開帳しているはずよ」と教えてくださった。今日は、旧暦の三月二十一日で弘法大師が高野山で入定《にゅうじょう》された日であった。この寺では、クリスチャンの方が、知り合いの神父さんの小さな遺影を持って四国遍路をお参りされていた。

「亡くなった神父さんが仏教にも造詣が深くてね。坐禅をするクリスチャンもいますよ」

二十一番札所・太龍寺へは六・七キロ。しかしまた山を登るので、およそ二時間半の道である。途中の遍路道は、とてもいい雰囲気で、山道にぽつんぽつんと小さな家があって、そこには洗濯物が干してあり、食事を準備する匂いがする。小さな石像をおばあさんが手を合わせて拝んでいた。

「北向きのお地蔵さんは忙しいって言うからね」

と僕につぶやき、休校になった学校にトイレがあることを教えてくれたので、そこで弁当を食べることにした。ここは地元の人たちによって、お遍路さんが休憩できるようにしてくださっている。

そこからまた一時間半ほど山を登る。途中ペットボトルに湧き水を汲み飲んでみると、ほのかに甘い味がする。そして太龍寺の山門に着いた。この寺も、標高六百十八メートルの太龍寺山の山頂付近に位置する。この場所で弘法大師が「虚空蔵求聞持法《ぐもんじほう》」という修行をしたことは、空海二十四歳出家宣言の書である『三教指帰』に自ら記されていることであり、四国遍路の中でも聖地中の聖地だ。そんな寺に偶然、空海が入定された日に訪れるとは。やはりこの場所は離れがたい雰囲気で、寺の境内で空海の著作を取りだして、しばらく読みふけった。

諸堂を拝んでいると、英語で書かれた手書きの絵馬（弘法大師の絵）の字が目に入ってくる。

「The sun is always shining, but sometimes you cannot see it.」

これは、弘法大師の著作、『吽字義《うんじぎ》』の「日月星辰は本《もと》より虚空に住すれども雲霧蔽《へい》虧《き》し烟塵《えんじん》映覆《えいふ》す」（太陽や月や星はもともと虚空にあるけれども、雲や霧によっておおいかくされ、煙やちりによって覆われることがある）の意訳だろうか。

今日の宿がある山の下までは、太龍寺ロープウェイを使う。歩き遍路さんたちの「歩くルール」は、それぞれが色々なルールを自ら設定している人が多い。僕の場合、「全行程を歩けば、重複するルートは交通機関を使ってもいい」ということにしていた。つまり今日のように、歩いて登った山の下までロープウェイで降りても、翌日またロープウェイでのぼって、同じ場所から歩いてスタートすればＯＫという方法だ。

宿の「そわか」（二食付六千八百円）は、ロープウェイを降りてすぐにある。休憩室には漫画がたくさん置いてあり、壁にはレゲエのイベントやプロレスのポスターが貼られている。このバラエティーの豊かさも遍路宿の魅力だ。

「自受法楽」

翌朝、地元の発酵茶である阿波番茶を宿でいただき、再びロープウェイで太龍寺まで登る。宿のあたりは曇り空だったが、標高が高くなると山には雲海が広がり青空がみえてくる。今日は平等寺《びょうどうじ》までお参りして、一旦今治に電車で帰る予定。

歩き始めると山の道が朝日に照らされて美しい。遍路中、何度この風景に見とれただろうか。そして大師が修行したと伝わる舎心《しゃしん》ヶ嶽《だけ》に安置された空海像の背中に、ただ手を合わせ「南無大師遍照金剛」。

「是《かく》の如くの諸仏菩薩は、自《じ》受法楽《じゅほうらく》の故に、各《おのおの》自証の三密門を説きたまう」

――これらの諸仏諸菩薩は、他に説き明かすのではなく、自らの楽しみだけのために、それぞれの尊が自ら覚った密教の教えをお説きになるのである。（弘法大師空海『弁顕密二教論』）

弘法大師は、自らの著作の中で、『分別聖位経《ふんべつしょういきょう》』の言葉を引用している。弘法大師が日本に伝えた密教では、経典だけではなく、自然や鳥、石ころでさえも「仏」の性質を内包し、常に仏教を現在進行形で説くとする。ここでの大師も遍路道のかたわらに座し、数多の仏を内外に見つめ、その妙味をただ「楽しむ」ことで、仏法を説いておられるようだった。「自受法楽」——自らの楽しみのために法を説く。密教でも好きな言葉だ。

山道を一時間ほど歩いたところで、下り坂で足をすべらせ転倒する。歩き遍路ではじめての転倒だ。歩き遍路では靴の選択が難しい。登山靴かウォーキングシューズが最有力になるが、遍路は山を歩くだけではなく、また舗装路だけを歩くわけでもない。僕が選んだのは、履き慣れた幅広のアシックスのランニングシューズ（GT-2000 EXTRA WIDE）だった。十分後に、また転んだ。今度は肘をすりむいている。「あまり遍路を舐めるなよ」。今回の最終日になって、そう言われているような気分だ。

山を抜けると棚田が広がり、人の気配がする集落に出る。二十二番札所・平等寺に着く。弘法大師がこの地で修行をされた際、五色の雲と黄金の梵字《ぼんじ》が現れたという。今日もお堂からは、境内に建てられた角塔婆《かくとうば》に向かって、青空になびく五色の布が結ばれていて、ダイナミックな風景だ。旧知のご住職が、厳しい護摩の修行に取り組まれている期間中のようだった。

お参りを終えて、新野《あらたの》駅まで歩いて向かう。道の途中、お遍路さんを乗せた団体バスとすれ違い、中を見ると同じ愛媛の五十一番札所・石手寺《いしてじ》さんが引率する団体であった。一瞬の間に、車内の加藤俊生住職と目が合い、「あっ」と驚いた住職が、手を挙げてくださる。こちらも笑顔で手を振り返した。札所の住職が集まる会議などで、いつも胸襟を開いて率直な言葉をかけてくださった加藤住職は二年後、六十三歳という若さで遷化《せんげ》（高僧が死去すること）され、今、お顔を思い浮かべるたびにこの時の光景がよみがえる。

新野駅から電車で今治駅まで帰るには、高松で乗り換えて五時間ほどかかった。今治駅には妻と娘二人が迎えに来てくれている。娘たちは、珍しそうに僕の菅笠をかぶり、金剛杖をついて歩く。野道を歩き、手を合わせ、たどり着いた街に泊まる。僕の歩き遍路シリーズ1は、実際に経験してみると想像以上に豊かな体験だった。そしてその札所の住職であることを、今までよりもずっと強い手応えをもって感じていた。

第二章　高知の海辺をひたすら歩き続ける

・二〇一九年六月一日〜五日
・二十三番薬王寺→二十四番最御崎寺

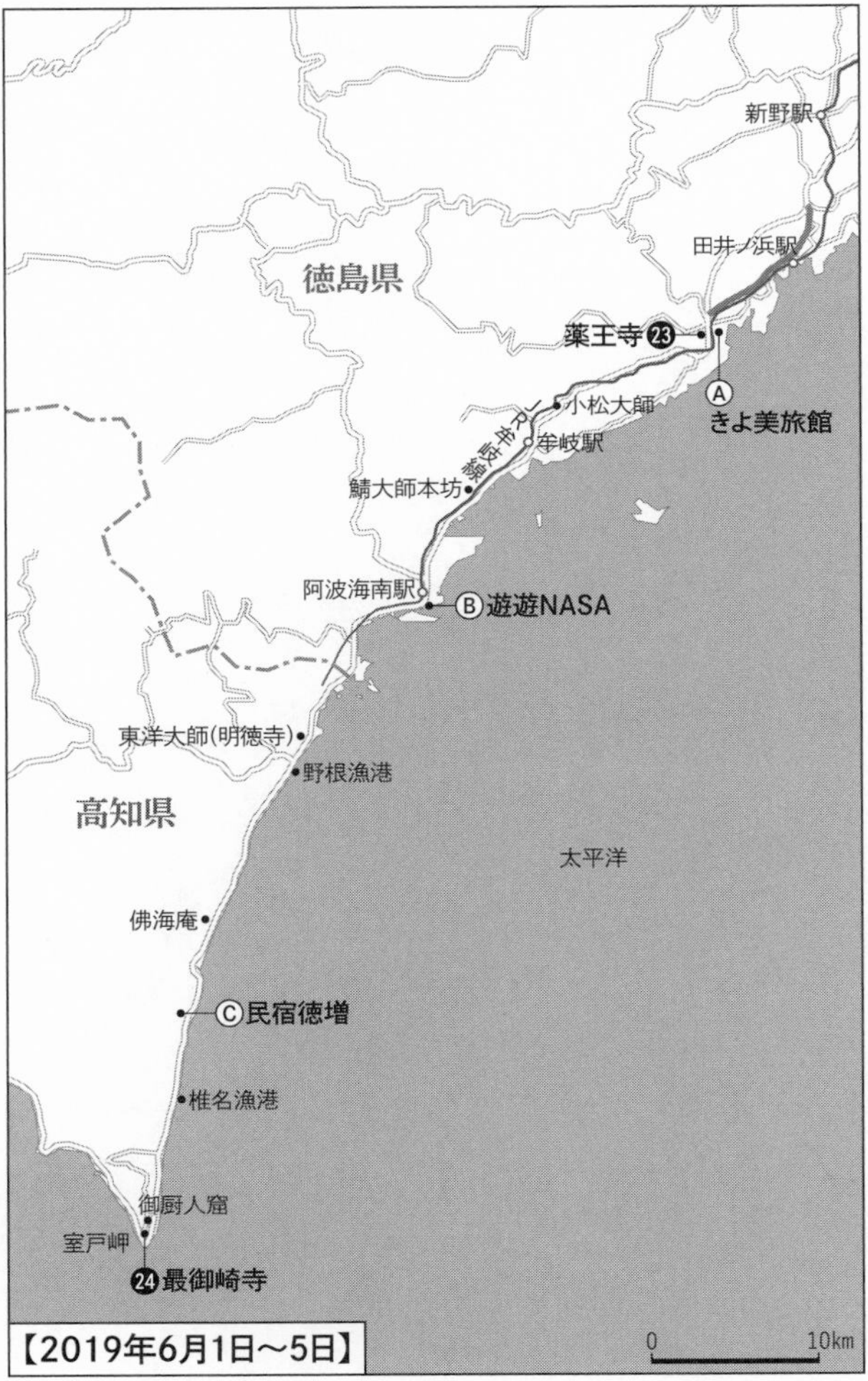

新野駅
田井ノ浜駅
徳島県
薬王寺 23
A きよ美旅館
小松大師
JR牟岐線
牟岐駅
鯖大師本坊
阿波海南駅
B 遊遊NASA
東洋大師(明徳寺)
野根漁港
高知県
太平洋
佛海庵
C 民宿徳増
椎名漁港
御厨人窟
室戸岬
24 最御崎寺
【2019年6月1日〜5日】
0
10km

ついに太平洋に到着

二回目の遍路は九泊を予定していたけれど、寺での仕事が終わらず四泊に変更した。遍路に出る前に、毎日四十分のスローランニングをして身体の準備をした。

今回、今治駅を出発するのは、十六時六分発の特急いしづち二十四号。今日は札所に参拝はせず徳島駅の近くで泊まって、翌朝、前回お参りを終えた新野駅に電車で向かう予定だ。

四時半に起床して徳島駅から五時四十四分発の電車に乗り、六時四十一分新野駅に着いた。またここから遍路を歩き始める。しばらく歩いて遍路道に戻るが、どうしても歩いていると目的地に意識が向かう。前回、何度も感じたように、できれば先を急ぐのではなく、一歩一歩を見つめながら、もっと淡々と歩きたい。田の中を二両編成の短い列車がゆっくり走る。自動販売機でカルピスを飲んでいると、車から降りて缶コーヒーなどを買う地元の人が結構多い。

今日は、宿をまだ予約していなかったので、宿情報の記載された遍路地図を広げ、インターネットでも軽く吟味しながら、次に向かう二十三番札所・薬王寺《やくおうじ》近くにある旅館を予約した。

十一時前に、太平洋の砂浜に面した田井《たい》ノ浜《はま》駅に出た。やはり海に出ると高揚感がある。ここは夏の海水浴シーズンのみ営業する臨時駅で、ホーム脇に旧式の宇宙船のような不思議な形をした監視塔が建っている。このあたりは太平洋といっても、まだ穏やかな雰囲気だ。先に到着したお遍路さんが、海に向かって何度もシャッターを切っていた。

「薬王寺の後、室戸岬《むろとみさき》の最御崎寺《ほつみさきじ》までは二泊かかるの？」

「さっき予約した宿では、そうした方がいいって言われました」

「あ、そこ私も同じ宿なんです」

トンネルを越えて歩いていると、「二十三番札所薬王寺まで八・三キロ。この先、店舗なし。百メートルバック」というストレートなメッセージの看板に出くわす。昼食時なので素直にUターンしていると民家から女性が出てきて、僕に声をかける。

「お遍路さん、どこへ」

「昼ごはんを買いにこの看板の店に戻ろうと思いまして」

「今日、日曜だから休みですよ。これ、お菓子だけでも食べて」と言い、かっぱえびせ

徳島県美波町にある田井ノ浜

んをお接待してくださった。そして「杖を触らせてくださいね」と言うと僕の金剛杖を握り、二人で一緒に「南無大師遍照金剛」と唱えた。「見ず知らずの人に食べ物をもらい、共に祈る」。遍路では今もたしかに仏教の空気が流れているのを実感する。

雨がしっかりと降り始める。そして海の風景も、太平洋らしい荒々しさを見せ始めた。山道を越え、様々な表情をみせる海を横目にしながら、美波町の役場のある場所に着いた。湾へ流れ込む川の下流の存在感が、雨の中でも落ち着いた様子を醸し出している。このあたりはウミガメの産卵地でもあるらしい。赤い橋を越えると薬王寺の大きな瑜祇塔《ゆぎとう》が山の中腹にあるのが見えてきた。たどり着いたコンビニで、ハンバーガーとコーヒーの遅い昼食を済ませる。

「迷悟、我に在り」

二十三番札所・薬王寺は、徳島最後の寺だ。山の斜面に数々の堂宇が立ち並び、厄除けの寺としてお遍路さん以外にも多くの参拝者が集まる。門前町には宿も多い。弘法大師が自身と衆生の厄除けを祈願して、薬師如来像を彫造して本尊としたと伝わり、今でも「女厄坂」三十三段、「男厄坂」四十二段の石段に一段ずつ、お賽銭を供えながら登る信仰が残っている。

石段の下に屋根がある場所があったので、雨を避けるため、そこに荷物を置いて本堂と大師堂にお参りをする。そして納経所に向かおうとリュックから納経帳を取り出すと、雨よけにビニール袋に入れておいた納経帳が、なんとびしょびしょに濡れてしまっている。道中、想像以上の雨でリュックにかなり浸水したようだった。今後の寺で続きを書くことは、とてもできない状態だ。しばらく呆然と立ち尽くした。雨に濡れた納経帳を手に、今までの人生における様々な後悔も思い浮かぶ。

途方にくれていると、「むしろここから人生、やっていこうじゃないか」と、これをきっかけに前を向きたいという強い気持ちが込みあげてきた。この使えなくなってしまった納経帳は、「いつだってやり直せばいい」というお大師さんからの教えと受け止めたい。まだまだこれからも、できることは、ずいぶんあるはずだ。住職をつとめる寺のこと。密教修行、仏教の修学、大きくなり始めている子供のこと……。勝手すぎる思いだが、そんな気持ちが次々と浮かんできた。

「こっちが本堂で、あっちが大師堂やで」

立ち尽くして動かない僕が、お参りの順序に迷っていると思ったのか、通りかかったお遍路さんの声で我に返った。そして、また思う。今日をはじまりにしたい。

「それ仏法、遙かにあらず、心中にして即ち近し。真如《しんにょ》、外《ほか》にあらず、身を棄てて何《いず》くんか求めん。迷悟、我に在り。則ち発心《ほっしん》すれば即ち到る」

――仏の教えは、遥かかなたにあるものではない。われわれの心の中にあって、まことに近いものである。真理は、われわれの外部にあるのではないから、この身体を捨ててどこにそれを求め得よう。迷いとか覚《さと》りというものは、自分自身の内部に存在するものであるから、覚りに近づき、それをわがものにしようと決心し、自身が仏であると信じ、修行を重ねるならば、覚りに到達できるのである。（弘法大師空海『般若心経秘鍵《ひけん》』）

自分の身も心も、「覚り」などというものとは程遠いと感じる。しかし空海は、その種《たね》がこの身体にしっかりと内蔵されていると説く。あとは「発心」するかどうかだと問いかける。「迷悟、我に在り」――迷いも覚りもお前なのだ。せめて小さな決心を、大切に積み重ねたい。

納経所で、新しい青色の納経帳を買って納経していただき、同じ青色の厄除け守りも「やり直し」の記念に購入してリュックに結びつけ、つるしておくことにした。思いがけず二冊の納経帳を持って歩く遍路になった。

遍路の宿は食事も美味しい

十六時に今日の宿、「きよ美旅館」に着く。小さな民宿で、看板には、旅館の他にも「寿司、仕出し、宴会」と書いているので、地元の食事処でもあるようだ（他の遍路宿でも、そういう所がわりと多かった）。宿に着いてまず明日と明後日の計画をたて、宿泊

「きよ美旅館」の夕食

地域の目処がついたら、二日分の宿を予約することにした。いくつか電話した小さな宿が満室で、予約できた明日の宿「遊遊NASA」は、温泉のある大きな宿泊施設のようだ。「お遍路おせったいプラン」があり、遍路割引で二食付八千二百五十円だった。他の遍路道近くの宿泊施設でも、こういった遍路プランを用意してくれている宿が多かった。

長崎からのお遍路さんとふたりで、食堂での夕食。カツオの刺身、サザエの壺焼き、地魚の素揚げ、酢の物など料理屋ということもあり地元の新鮮な食材が並ぶ。なにより雨に打たれた日は、屋根のあるところで、よく乾いた服を着て、温かい食事をとれることが、なんともありがたい。

「私も宿は前日ぐらいに決めることが多いですよ。前の宿に紹介してもらうんです」
食事の後、雨はやんでいてまだ暗くはないので、川沿いを宿のサンダルで少し散歩する。やはり遍路のこの時間が好きだ。薬王寺のほうへ少し歩くと、瑜祇塔のライトアップが点灯した。宿に戻ると、濡れた靴を新聞紙でくるんでくださっていて、明日には乾いているだろう。今日買った厄除けの御守りをしばらく手に取って、寝ることにした。

思わぬホタル祭りの夜

翌朝、五時四十五分まで百礼と密教次第での三密修行。宿賃の支払い（二食付七千五百円）を済ませ、今日も歩き始める。早朝は曇っていたが、しばらくすると青空が広がってくる。トンネルをいくつか越えて着いた休憩所には、お遍路さんの納札がたくさん貼り付けてあった。トンネルは車が少し恐いが、地元の警察が立てている看板には、「同行二人　お遍路さんに思いやり運転を」とあり、なんだか勇気づけられる。未舗装の山道よりも海辺の道路は足が疲れやすく、足下の温度も高い。気づかない間に疲れがたまって脱水症状になることを防ぐために、三十分に一回リュックを背負ったまま水分補給をして、元気でも一時間半に一回はリュックを降ろして小休止をするルーティンで歩き続ける。それでもしばらく歩くと脛《すね》が痛くなってきた。

遍路にゆかりの深い「小松大師」にも手を合わせ、田植えをしたばかりの棚田を眺めながら歩く。牟岐《むぎ》町の街に入ったところに、地元の人で賑わう「亜梨巣《アリス》」という食事の充実した喫茶店があったので、カツカレー。汗をかいた遍路姿で恐縮していたが、「これ、お接待です」と麦茶をお接待してくださった。

再び海がみえてくる。やはり晴れの日の海は、さらに美しく胸に染みわたる。特に湾内は静かなビーチもいくつかあり、泳ぎたくなるぐらいだ。頻繁に次の札所までの距離を記したシールが目に付き、まだ次の最御崎寺までは約六十キロ。

途中、大師と鯖《さば》の伝説が残る「鯖大師」(八坂寺)にも立ち寄って、納経をしていただいた。境内で休んでいるとご住職がおられ、「歩き遍路さんですか？　ご苦労さん。これ、汗になるけど」と缶のお茶をくださった。

「ここから遊遊NASAまでは、一時間半ぐらいだよ」

坂を登って小高い場所にある今日の宿、遊遊NASAに到着した。まずは温泉の大浴場で汗を流し、ぬるっとしている湯質の美肌の湯で疲れを癒す。部屋からは、島のない太平洋と青い空、山の緑の絶景がひたすら広がる。そのうれしさと、留守番をしてくれている妻や子供にも見せてあげたいという、ちょっと切ない気分が入り交じった。「今日は、地元のホタル祭りの日なんです。バスがロビー前から出るのですが、いかがですか?」

ホテルの人に声をかけられた。疲れてはいるが、またとない機会なので、集合場所に行ってみると参加者は僕ひとり。しかし向かった海陽町の母川ほたるまつりは、小さな高瀬舟から無数のホタルが飛び交うのを見ることができて、忘れられない遍路の夜となった。

半裸、全裸の入店お断り

翌朝、五時頃に起床し、太平洋を眺める。どうして密教は、人間が元来、持っている怒りや性を頭ごなしには否定しなかったのか、そんなことを自然に考えはじめていた。「密教はあらゆる意味で〝自然〟を肯定する。だから、怒りや性も、あるがままの自然のひとつとして見たのかな……」。結論が出ないまま、今日は海に向かって百礼をすることにした。印・真言・観想の三密修行も、大自然に向かいあったまま行ずる。高野山の師がいつも口にする「瑜伽《ゆが》」という言葉のイメージが去来する。融け合う、という意味だ。

「無辺の生死《しょうじ》は何《いかんが》よく断つ。唯禅那《ただぜんな》、正思惟《しょうしゆい》のみ有ってす」

──凡夫は無限に続く生死の苦をどのようにして断てばよいのだろうか。それはただ禅定《ぜんじょう》と正しい思考によるのである。（弘法大師空海『般若心経秘鍵』）

今日も札所の参拝はなく、ひたすら太平洋岸を歩く日。聞きようによっては苦しそうに感じるが、こんな日々は、もう二度と経験できないかもと思うと、一日一日が貴重に感じる。雨が降り出したのでゴアテックスを着ると、すぐに雨は止んだ。

船着き場を越えて、いよいよ遍路の二つ目の県である高知県に入った。魚屋を覗くと地元産のマグロ、シイラのさくなどが並び、その場で切って刺身定食にもしてくれるようだ。立て看板の「水着、半裸、もちろん全裸もご入店はお断りしています」の文字に、はやくも明るい高知らしさを感じる。

東洋大師（明徳寺）にお参りしようと歩きながら、人口減の中で、住職としていかに寺を残していくかという、いわば組織の経営についてふと考えていた。もっと「真剣に考える」ということも一種の経営法ではないだろうか。「あそこの寺は（四国遍路のことを）（仏教や密教を）現代の中で真剣に考えている」。それがお寺を「残す方法」だと捉えると、間違いが少ないように感じられた。その中で、僕自身が仏教からの恵みをもっと受けとろうとすること。

強くなる痛みの中で

東洋町はサーフィンが盛んな場所のようで、たくさんのサーファーが海に入っていて民宿もいくつかある。「サーフポイント」という黄色い小さな宿は、映画にでも出てきそうなたたずまいだ。「ここらあたりは、国内有数のサーフスポットなんだよ」と、通りかかった人に教えてもらうまで、四国に住む僕もまったく知らなかった。

スーパーで、カツ丼弁当とチョコレートを買って食べた。後は水平線を見つめながら太平洋沿いの道をただただ歩いて行く。途中、遍路に縁の深い霊跡がいくつかあり、「アビラウンケン」「ギャテイギャテイ……」「オンアミリタテイゼイカラウン」と心に浮かんだ真言を唱えて手を合わせ、また歩く。十五時を過ぎる頃、今までの遍路で一番、足がだるくなって痛みも強くなった。これまでは札所でお参りすることが、結果的に足の休憩にもなっていたようだ。空は曇ってくるが、降ってはこないので、涼しいことはかえって有難い。足の痛みが強くなるたびに「南無大師遍照金剛」と繰り返し唱え、自分を鼓舞しながら歩いていた。

「翳眼《えいげん》の衆生は盲《めし》いて見えず。曼儒般若《まんじゅはんにゃ》はよく紛《ふん》を解く」
――真理のまなこを閉ざされた人は見ることがかなわずとも、文殊《もんじゅ》・般若の両菩薩はよく人びとの迷いを断つ。（弘法大師空海『般若心経秘鍵』）

僕には大師の姿は見えないけれど、その姿を多くのお遍路さんが感じていることの意味を痛みの中で垣間見た気がした。

野根漁港の近くで「最終自動販売機　この先十キロ給水ポイントなし」と日本語と英語の立て看板があり、水やスポーツドリンクを買っておく。江戸の遍路僧としても知られる佛海上人をまつった庵《いおり》を拝み、夕方、スーパーにたどり着いた。店の前で歩き遍路さんに話しかけられる。

「今回で十回目の歩き遍路なんだ。人の半分ぐらいのスピードでいつも歩く。みんな私を抜いていくよ。春には順打《じゅんう》ちで、秋には逆打ちで。今日は、橋の下にテントで泊まります。ところであなたはお坊さんですか?」

仙人との夜

今日の宿である「民宿徳増」に到着したのは十七時を過ぎていた。電話をした時にとても親切に案内してくださった若い女性がおられ、「遍路をした時に、この宿にスカウトされたんです」と笑う。ご主人がこの宿の三代目らしい。女性は外資系の会社で働いていたらしく英語が堪能で、増加している外国人の歩き遍路さんは、助かるだろう。

夕食は、三人の歩き遍路さんと同じテーブル。漁港近くの宿ということもあるが、立派な金目鯛の煮物、アワビに似た貝のトコブシ、地元魚数種類の刺身、野菜の天ぷらや煮物も数種類、魚のすり身のお汁までつく。

「野菜は九十歳を超えたばあちゃんが作ったものですよ」。料理を楽しみにしたリピーターも多いらしい。人柄含め、また泊まりたい宿だ。

「お子さんは、四歳と七歳なんですか? うちはね二十四歳と二十七歳」

同席したお遍路さんは、茅ヶ崎に住む定年退職直後の人と、顎髭を伸ばした仙人のようなおじいさん。

「オレ、焼山寺でヒキガエルをみて、うまそーって食いたくなっちゃって」と仙人。

「食えるんですか？」

「うん、ここに毒があるけどね」

「歩いている人の七割ぐらいが徳島でやめるらしいね」

個人的には、そんなことはないと思うが、数ある遍路都市伝説が夕食の席で話題になることは多い。

「じゃあ高知にたどり着いた俺たちは勝ち組ですかね？」

「そういうんじゃないだろー」

「じゃあ、なんですか」

「〝がんばり組〟だな、ただの」

話を聞きながら、遍路宿の夜は更けていく。茅ケ崎氏は、宿で必ずビール一本と、地元の日本酒二合を飲むことにしているらしい。民宿徳増は二食付で六千七百円だった。

今日は長時間歩いたので股が擦れて、股ずれになったので持参していたスキンクリームを塗る。連日、一日中歩くことなど今までなかったので、色々なことが身体に起こってくる。風呂に入ると飛び上がるほど痛く、悲鳴が出た。

「去去として原初に入る」

朝、百礼を終えて宿を出発すると、白衣のお遍路さんが、宿の前の太平洋をひたすら眺めている。空は晴れて、岩に波が打ち付ける音と風景は飽きることがない。こんなに海をみる日々は今までもなかったし、これからもないだろう。ここでまた、遍路で何度も心を駆けめぐる言葉が胸に浮かぶ。「今生《こんじょう》の思い出」。空海の霊跡を訪れ、素晴らしい海や空、山の風景に出会うたびに、なぜかこの言葉が思い浮かぶのだ。実際、自分が死ぬ時にも、この光景が浮かびそうな気がしてくる。

椎名漁港を過ぎて、緑のまぶしい山の登り口にある古い鳥居、おばあさんが海草を干しているのどかな風景の中を歩きながら、十一時前には、二十三番・薬王寺七十二キロ、二十四番・最御崎寺六キロの看板を目にして、「七十二キロ歩いたのかぁ。次の寺も、もう少しだ」と力をもらう。

空海みずから「土州室戸崎に勤念す。谷響《たにひびき》を惜しまず、明星来影《みょうじょうらいえい》す」(『三教指帰』)と若き日の修行体験を語っている室戸岬の御厨人窟《みくろど》という岩の洞窟に到着する。四国遍路は、空海の聖地巡礼なので当然といえば当然だが、大師の一大聖地に次々とお参りできることが、やはりうれしい。僕が師と仰ぐ僧侶も揮毫《きごう》（書画をかくこと）する時に、この「谷響を惜しまず、明星来影す」を書かれることがあるが、ここ室戸岬は空海という存在を象徴する場所のひとつだと思う。

時々落石があるようで、納経所のおばあちゃんの勧めでヘルメットをお借りし、御厨人窟の中に入り手を合わせると、やはりなんとも神聖な場所であった。納経をしていただいた後、納経所のおばあちゃんに「よかったら食べて」と、このあたりで採れたビワをもらう。昨日の宿が一緒だった若いオーストラリア人のお遍路さんも到着した。

「今まで北海道にも行ってきたよ。山形とかね。（スペインのキリスト教巡礼地の）サンティアゴ・デ・コンポステーラはとても人が多いらしいから、この美しい静けさのある四国がすごく気に入った。これ、オーストラリアのチョコレート。もう一個どうぞ。ソーセージはどう？　僕はビワはいいや」

「ここは空海のすごく特別な場所だから、中に入ってみた方がいいよ」

「わかった。行ってみる」

（十分後）

「どうだった？」

「うん、すごく涼しかったよ。あそこで寝たかったたな。お坊さんなの？　毎日メディテーション（瞑想）する？」

「瞑想もするけど、今日は五時に起きて百回の礼拝と、印を組んで真言を唱えたんだ」

「それってリラックスするためにすることなの？」

「実際、リラックスはするよ。でも〝仏〟とコネクト（繋ぎ合わせる）しようとするんだ。いや、元々コネクトしていることに気づくということなのかな。日本人にとって〝神〟って、海とか山とか空とか、岩とかこの木の葉っぱでもあるんだけど……。そして気づくんだ。僕は自然だって。そして自分の中にも〝仏〟があるって」

「僕もそう思うよ……。ミッセイ、この水をリュックに押し込んでくれ。もう出発しなきゃ。たぶん君は僕にすぐに追いつくよ」

もっと英語が話せたら、と遍路中何度も思ったけれど、ここで一時間ほど、たどたどしく話したことも懐かしい思い出になった。

「行行《ぎょうぎょう》として円寂《えんじゃく》に至り　去去《ここ》として原初に入《い》る　三界は客舎《かくしゃ》の如し　一心はこれ本《ほん》居《こ》なり」

──〈羯諦羯諦《ギャテイギャテイ》〉と行き行きて覚りの世界に向かい、〈羯諦羯諦《ギャテイギャテイ》〉と去り去りて存在の原初に入る。この現実世界は、仮の家のようなもので、一心──つまり我々が元々もっている菩提心が本当の住みかである。（弘法大師空海『般若心経秘鍵』）

「去去として原初に入る」

僕にとって深く胸に刻まれている空海の言葉だ。この室戸の聖地で、大師のこの言葉がよりリアルに響いているようだった。それには彼との会話もあったと思う。

海の寺に吹く風

国道からしばらく丘を登って、室戸岬の突端に位置する二十四番札所・最御崎寺に到着する。室戸岬で大師がされた修行が「虚空蔵求聞持法」ということもあり、本尊は虚空蔵菩薩である。大同二年（八〇七）唐から戻った空海が、勅願を受けて若き日に修行したこの地に虚空蔵菩薩を造立して興したと伝わる。やはり山の寺と雰囲気が異なり、南国の植物に囲まれた本堂や護摩堂、聖天堂が立ち並ぶ境内に吹く風は海の風で、いわば「海の寺」という趣がある。

境内で、昨日夕食を囲んだ仙人たち二人とも再会。顔見知りの先達さんが連れた団体参拝のお遍路さんたちが読経している。

「あ、あれーーっ、ご住職。皆さん、こちらの住職さんは五十七番栄福寺さんですよ！ご著書がミュージカルにもなっています」（実際はミュージカルではなく映画）と紹介され、皆さんで記念撮影となる。お参りを終え、納経所で最寄りのバス停を教えていただき、寺のある丘をまた下っていく。高台の坂道から望む海は、海際の岸壁の迫力とは一転、あくまで静かで青くあまりに美しい。

高知東部交通のバス停「スカイライン上り口」から一時間ほどバスに乗って安芸《あき》駅に行き、そこから土佐くろしお鉄道で後免《ごめん》駅、香川の多度津《たどつ》駅と乗り換えながら、今治には、安芸駅から四時間ほどかけて二十一時前に帰れそうだ。次回の遍路は、また安芸駅まで電車で行ってバスに乗り、このバス停まで戻ってこよう。

今回の遍路は長くはない日程だったが、四国地図の右下、太平洋岸をひたすら歩き続け、大師の聖地で手を合わせる充実の遍路になった。

その中でも、お接待をしてくださった女性とふたりで金剛杖を握って、祈ったことを思い出し、ここ四国遍路に流れている何やら不思議な時間を感じていた。

第三章　ひとりの楽しさと出会いのよろこび

・二〇一九年十月十七日〜二十五日

・二十五番津照寺→三十六番青龍寺

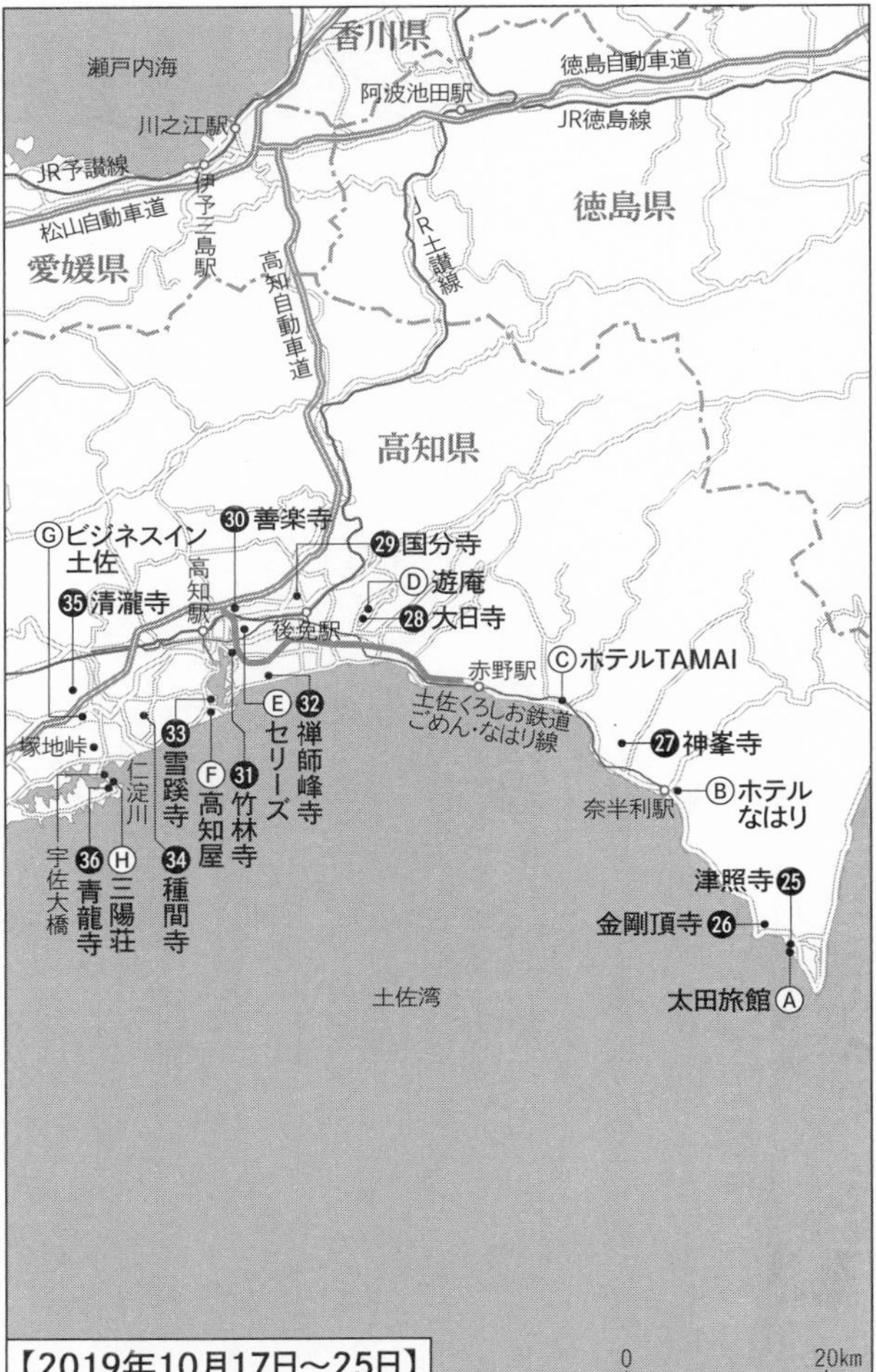

香川県
瀬戸内海
徳島自動車道
阿波池田駅
JR徳島線
川之江駅
JR予讃線
伊予三島駅
松山自動車道
JR土讃線
徳島県
愛媛県
高知自動車道
高知県
㉚善楽寺
㉙国分寺
Ⓖビジネスイン土佐
Ⓓ遊庵
㉟清瀧寺
高知駅
㉘大日寺
後免駅
赤野駅
Ⓒホテル TAMAI
Ⓔセリーズ
㉜禅師峰寺
土佐くろしお鉄道ごめん・なはり線
㉗神峯寺
塚地峠
㉝雪蹊寺
Ⓕ高知屋
㉛竹林寺
仁淀川
Ⓑホテルなはり
奈半利駅
宇佐大橋
㊱青龍寺
Ⓗ三陽荘
㉞種間寺
津照寺㉕
金剛頂寺㉖
土佐湾
太田旅館Ⓐ
【2019年10月17日～25日】
0
20km

遍路の再開は涼しい秋に

暑い夏場を避けて歩くため、歩き遍路の再開は十月にすることにした。出発の十月十七日、五時四十一分今治発の電車に乗ろうと朝の五時前に栄福寺を出て、歩いて今治駅へ向かった。まだ通りは夜の暗さで少し緊張感があるが、歩き始めるとだいぶ暗闇に心がなじんでくる。今回からアシックスのランニングシューズは同じモデルの赤色に新調した。

七時五十六分、香川の多度津駅で乗り換え、高知の後免駅から土佐くろしお鉄道で奈《な》半《は》利《り》駅に向かう。朝の瀬戸内海から高知に入り、電車のカーテンを開けるとそこはもう晴れた太平洋だ。奈半利駅からは路線バスで、前回遍路を終えた二十四番・最御崎寺近くのバス停「スカイライン上り口」へ向かう。

バスには最初何人かの乗客が乗っていたが、最終的には僕ひとりになった。昼の十二時過ぎに、バス停に降り立つ。少し歩いたところで、早速カツオのタタキ定食を食べた。昼食を食べながら次の寺までの距離を調べると四十分ぐらいだったが、ふと興味をもってグーグルマップで調べてみると車なら四分。それをあえて歩くのが「歩き遍路」だ。小さな舟が並ぶ川の下流沿いの細い道に入ると、なんだか気持ちがホッとする。今日は時間に余裕があるので、通りかかった人に地酒を買える酒屋を教えてもらい、寺で留守番をしてくれている父親に「酔鯨《すいげい》」と「美丈夫《びじょうふ》」という酒の一升瓶を送る。酔鯨は、昔から高知に行くたびに父が好んで買っていた日本酒だ。途中に室戸市立室戸岬中学の大きな校舎があるが、閉校になっていて、この地から人が減っているのを痛感する。

昨日は泳ぎました

二十五番札所・津照寺《しんしょうじ》へ着いた。室津《むろつ》港のすぐ近くにある寺で、本堂へは百二十五段の石段をのぼる。弘法大師が四国で修行していた時、この山の形が地蔵菩薩が持っている宝珠《ほうしゅ》と似ていることから霊場にしたと伝わり、本尊「楫取地蔵《かじとりじぞう》」の功徳は江戸期の書物にも、十二世紀頃の『今昔物語集《こんじゃく》』にも記されている。境内の掲示板には、子供たちが写生大会で描いた寺の絵が何点も掲示されて、寺の境内から海がよく見える。

「私は大阪からなんです。八年前の遍路で、山の中で遭難しました。赤い印を追いかけていたら、気づいたら雑草のように生い茂った笹が目の高さまで来ていました。しばらく歩くと滝に出て、また迷いました。それで恐くなって以来、車でお参りしています」

境内にいた初老の男性がそんな話をしてくれた。たしかに山の中でよく見かける赤やピンクの布やテープの印は、必ずしも遍路道のサインだけではないようだった。途中の遍路道で会った若い女性も階段をのぼってきた。

「ドイツのベルリンから来ました。両親はドイツ人と日本人。昨日は海が綺麗だったから、少し泳いだんです。うん、水着で。宿に泊まることもあるけれど、同じベルリンから来た人と道の駅で泊まったこともある。アドベンチャー」と笑う。

「四国はいい人が多いかもだけど、野宿は気をつけてね。学生ですか?」

「ははは、いつも言われるけれど、二十九歳なんだよね。でもいいの、歳とってからは若く見られていいかもね。日本語が話せるのは、十八の時に二年ぐらい住んでいたから。このあたりは自然が気持ちいいけれど、街は少しさみしいね。私もなんかさみしくなってしまった」

ゆっくり過ごして津照寺からすぐ近くの「太田旅館」に十五時半頃に着いた(二食付六千六百円)。三階建ての宿で開け放した廊下の窓からは、海の風景がひろがり、潮風が気持ちよく流れている。案内してくれた若奥さんによると、「なんだか低気圧が発生して、台風になるみたいですねぇ」とのこと。まだ時間も早く明るいので室津港のあたりを散歩してみると、金目鯛やカツオを売っている魚屋などもあり、「高知県まぐろ船主組合」と書かれた昔の看板などにも目が行く。

今回からは百礼と修法を一区切りとし、宿の部屋で納経帳を広げ、その前に本尊の御影《おすがた》を置いて、その日お参りした寺の本尊真言を唱えることにする。そして、しばらくの瞑想。テニスボールを使った足裏マッサージは遍路開始以来ずっと続けていた。宿の壁に古い木札で、「朝早きため休養致させたく女中への御用事は午後十時迄にお申しつけくださいませ」と墨書きしてあり、時代を感じた。

お勤めが定まってくる

翌朝、二度寝をしてしまい起きたら六時十八分だった。宿の食事場では、夕食時に見かけなかった人もいて「朝食のみ」のお遍路さんは、どの宿でも結構いるようだ。「これ途中で食べてください」と、みかんをいただいて出発。

高知の遍路道は、漁港から漁港へ歩くような感覚がある。海岸沿いには、いくつも新しい津波避難タワーが設置してあった。「国立室戸青少年自然の家」の看板をみながら、右折して山の道に入って行くと、風景は緑に変わっていく。遠い山裾に小さな鳥居がみえる。木洩れ日のさす、土が柔らかい遍路道を歩き、二十六番札所・金剛頂寺《こんごうちょうじ》に到着した。途中、小雨が降り始め、雨具を着ようかと何度か軒《のき》で立ち止まったが、青空が見えてきた。

金剛頂寺は、土佐湾につき出した行当《ぎょうどう》岬の頂上に位置する。この岬は硯《すずり》ヶ浦とも呼ばれ、硯石を産出することが、江戸期の四国遍路を記録した僧侶眞念《しんねん》による『四國徧禮道指南』にも書かれている。霊宝殿には平安初頭の『大日経』『金剛頂経』など数多くの貴重な品が収蔵されている。「鯨《くじら》の供養塔」があるのも捕鯨の地としても著名なこの地らしい。

遍路をお参りしながら、だんだん各お堂でのお勤めも定まってきて、今まで読経していたお経や真言に加えて本堂では、釈尊と大日如来の真言を唱え、大師堂では「四国遍路が栄えることによって多くの衆生が救われますように」ということを祈念し、この場所の神に祈りを捧げ、訪れた寺の歴代住職の供養、この寺に集まったすべての霊の供養も拝むことにした。

念のため、寺の自動販売機でスポーツドリンクを一本買ってリュックに入れておく

（常にペットボトルを数本携帯していた）。山道を下りる途中で転倒。しかし怪我はなかった。雨が降り出し、早めの昼食にせっかくなので鯨を食べてみる。ここからは山の遍路道もわずかに交えながら、ほとんど海岸沿いを歩いて行く。遍路道の多くの場所で、新しい国道から一本旧道に入り、細い古い道を行くと、まったく雰囲気の違う昔ながらの町並みが広がることを経験したが、ここもそうだった。こういった旧道を歩くことも、遍路の大きな楽しみのひとつだ。

今日の宿「ホテルなはり」（素泊まり七千円）に到着。鉄筋ながらドイツ古民家を模したような（？）外観。露天風呂のある大浴場で雨に濡れた体を温め、併設された食事処でシンプルなヒレカツ定食を注文して食べた。民宿だとここに刺身や煮魚が付くが、今日はこれぐらいでちょうどいい。

ホテルの利点のひとつに、夕食の時間が決まっていないことが多いので、お参りをしながら夕方遅くになっても、気があせらないことがある。しかし民宿にも寺の宿坊にも代えがたい魅力があり、場所と時間に応じて決めていった。

ドライブイン27

朝は、四百円の簡単な朝食セットをホテルで食べていくことにした。食堂に白衣に白ズボンの七十歳ぐらいの女性お遍路さんがいたので、話しかけてみる。

「車遍路ですか？」

「いいえ、歩きなんです。家には二週間かもしれんし、五日かもしれんと伝えています。もう五回目かな。信仰心？　そういうわけでもないんです。二回目からは、まわりから〝信心やなぁ〟と言われるけどね。でも、四国に入るとやっぱり手を合わせるし。ところで昨日泊まった『蔵空間　蔵宿』はとても良かったですよ」

そういえば、歩き遍路をした地元の知人に「おすすめの宿」をたずねた時も、この宿の名前が挙がったことを思い出した。出会う人も偶然の縁だけど、宿に関してもそうで、当然ながら「泊まらなかった宿」はずいぶん多い。

二十七番札所・神峯寺《こうのみねじ》への登り口で、ヴェネチアから歩き遍路に来たという同世代のイタリア人ルイージさんが通りかかる。

「イタリアでどうやって遍路のことを知るのですか？」

「遍路について書いた英語の本があって、その文章を僕の友だちのライターが書いたんだ。ここでもっと休んでいくの？　じゃあ僕は出発するよ」と握手して別れる。

山を登りながら昼を過ぎて、昼食になるものを何も持っていなかったので心配していたところ、線香やローソクなどの巡拝用品を売っていてお茶やコーヒーを飲めそうな、その名も「ドライブイン27 神峯店」という店に出たので、食事ができるかどうか聞いてみることにした。「うどんぐらいしかできんけど、いいですか？」。途中で追い抜いたルイージさんも疲れた表情で入ってきて、彼もうどんを注文する。野菜が何種類も入ったうどんだった。

「ねぇ、僕も君のようなスティックが欲しいのだけど、寺で買うには日本語でなんて言えばいい？」

「〝金剛杖、売っていますか〟って言えばいいよ」

彼は日本語は話せないけれど、なぜか平仮名を書くことができて自分のメモ帳に「こんごうづえ うっていますか」と可愛い字を書いた。そして「こんごうづえ うっていますか」と繰り返しつぶやく。

神峯寺までは、遍路中屈指の急勾配の道を登る。標高約四百五十メートルの寺であり、境内に着いても石段が続く。開基は行基《ぎょうき》で、古くから神仏習合の霊場であった。明治政府の神仏分離令の中で、本尊は一時、二十六番金剛頂寺に預けられる苦難を受けたが、明治中期にこの場所に還られた。鐘楼の裏手に、霊験のあると言われる「石清水《いわしみず》」が湧いており、集中力が欠如しているという自覚のある僕は、水を頭にかけて功徳に期待する。この寺にも一時間を超えて滞在したが、今までよりもしっかりと拝めた感覚があった。

「四国仏教」としての四国遍路

神仏習合のことが頭に残っていたのか、山を下りながら「日本仏教」のことをつれづれに考えていた。現代の日本仏教は、僧侶を含めて様々な意味で「俗」や「素」の要素が強く、歴史の流れや日本人のメンタリティーをふまえると、僕自身はそのことを否定的に感じていないし、むしろ魅力的に映ることも少なくない。しかし俗や素の一枚看板ではなく、そこにもっと宗教的な「聖性」を立てて、きちんと「聖」と「俗」の二枚看板にしていきたいと感じた。

その中で、僧侶でなくても取り組めて、身体と自然と祈りに対峙する四国遍路は思いのほか、日本仏教にとって大切な存在になり得るのではないだろうか（もちろんこの遍路にも「聖」ばかりでなく、大切な「俗」が共存している）。

しかもそれは「日本」に限定したことではない。今、遍路に訪れる世界の巡礼者たちは、欧米を中心とした世界のバックパッカーばかりでなく、チベット仏教、上座部仏教、韓国、中国、台湾など各国の僧侶も結構おられる。そういった現代においても独特の展開を見せ始めている四国の仏教文化を、「四国仏教」と呼びたいような気持ちにさえなるのだ。四国遍路は「かつて」ではなく「今」、世界の仏教の中でユニークな位置を占めつつあると感じる。もっと素朴に人々の信仰に焦点を当てれば、「仏教を信仰していますす」と明確に口にすることはなくても、「遍路が好きなんです」と笑う笑顔には大きな意味がある。

海辺での修行

今日は少しゆっくりし過ぎたのか、防波堤のすぐ隣のせまい道を歩く頃には、夕方になっていた。朱く染まった夕焼けの海に太陽が沈んでいく姿は息を呑むほど美しく、ルイージさんに「僕はここでしばらく仏教瞑想をするよ。また寺で会おう」と声をかけた。靴を脱いで防波堤に半跏坐《はんかざ》ですわり、数珠を繰りながら太陽と海を見つめ大日如来、阿弥陀如来の真言を繰り返し唱え、般若心経を読経した。

高知の浜辺で瞑想（撮影はルイージさん）

「彼は已《すで》に大我《だいが》にして、能《よ》く阿字《あじ》を覚る」
――仏は大いなる「我」を体得せる聖者、万物の根源たる「阿」字の覚りを開いておられる。（弘法大師空海『遍照発揮性霊集』巻第七）

太陽が沈んでどんどん見えなくなる。太陽が没していく様子をこんなにもじっくりと見つめ続けるのは、考えてみると初めての経験だ。

瞑想を終えて防波堤の道を再び歩く。うす暗い中で「お遍路さんは右へ」という小さな看板に助けられた。安芸市街の国道五十五号線に入り夜になる。暗い夜に歩くのは遍路で初めてのことだが、山中ではなく車の多い市街地でまだ気は楽だ。宿泊する「ホテルTAMAI」は安芸市役所の並びにある現代的な十一階建てのホテルで、大浴場もある。僕が予約していたのは、素泊まり六千六百円のプランだったが、後から調べると二食付の「お遍路さん得々プラン」もあったようだ。夕食は、ホテル前の居酒屋で大根サラダ、ホッケ、おにぎりで済ませた。テレビでワールドカップラグビーを観ているお客さんのおじさんが、「ニュージーランドって、そんなに強いが！」と高知弁で叫んでいる。

土佐くろしお鉄道の撮り鉄

翌朝の朝食は、出発してすぐのローソンで食べた。このあたりは「しらす」が名物だが、もちろんいつも地元食にありつけるわけではない。昨日、昼食が食べられるか、やきもきしたこともありカロリーメイトも買っておく。今日も漁港や水産会社、船着き場が並ぶ海辺を歩いていく。

途中の遍路休憩所では、ジップロックにここで夜を明かした人たちの納札や蚊取り線香、文庫本（『妖怪アパートの幽雅な日常』六巻）が三点セットのように納められていた。

青空と薄い雲の混じり合った気持ちのいい天気で、Tシャツの上に着ていたモンベルの長袖を脱いで白衣をはおる。遍路道に沿って土佐くろしお鉄道が走っていて、赤野駅を過ぎたあたりでは、高校生三人組が鉄道写真の撮影をしていた。たしかに見渡す限りの太平洋をバックに電車が行く姿は、なかなか写真映えしそうな光景だ。

「ここは一両編成も通る？」

「このあたりはほとんど一両ですよ」

「なにかに投稿したりするんですか」

「いや、そういうのはしません」

「雑誌とかに投稿すればいいのに。ＳＮＳとか」と言うとなぜか三人同時にどっと笑う。

そんな会話を交わしながら、僧侶やお寺が人口減の中でどんな風に「生き残っていくのか」ということを考えていた。これこそが煩悩であるとわかりながら、つい歩きながら思い浮かべることの多いテーマだった。日々、「仏教の勉強」「修行」「それを現代の個人や社会に渡す方法を考える」の三つを積み重ね、実行することを続ければ残っていけるのでは、残る価値があるのでは、とシンプルなイメージが湧いてきた。そこに僕は「おもしろい」ということも盛り込んでみたい。

大師に呼ばれる

再び強く「ケツずれ」が痛み始め、ドラッグストアを通りかかったらワセリンを探してみることにした（結局、店の人のアドバイスで別の薬を購入）。

香南《こうなん》市に入り海際の道に別れを告げ、烏《からす》川の上流に向かって歩いて行く。予約が一杯で取れなかった天然温泉のある高知黒潮ホテルの前を通りかかり、「やはりここも良さそうだったな」としばし様子を眺める。僕は「検討したが泊まらなかった宿」の前を通って、「こんな宿だったのか……」と思いにふけるのがなぜか好きだった。

今日もあせることなく地元の人と会話をして、高知産マスクメロンジュースを買って飲みながらゆっくり進んでいると、いい時間になってきた。前を通りかかった小さなキリスト教会の掲示板には、遍路道であることを意識してくれているのか「ゆっくり行こうネ」と手書きで書いてあり、「そうだ、そうだ」と合掌する。今日は、もう暮れてきたので二十八番札所・大日寺《だいにちじ》のお参りは明日にして、宿に入ることにした。宿の手前で自転車で走る小学生の女の子たちに道をゆずると、「ありがとうございます、がんばってください～」と声をかけられ、さらになごむ。

今日の宿、大日寺すぐ近くの「遊庵」に到着。二階建ての一般的な住宅の建物を民宿に改修している様子だった。「よくおいでくださいました。よかったら金剛杖を玄関先で洗ってくださいね」という優しい声に、やっぱり遍路宿もいいなぁ、と調子のいいことを思う。

この宿の宿泊代は四千五百円で、驚いたことにお遍路さんに対しては、朝夕食はお接待であった（原則としてお遍路さんのみ宿泊可）。部屋の雰囲気も実家に帰省したような安心感があり、宿の夫婦も親切にしてくださった。廊下の一角に、冷水のピッチャー、消毒液のマキロン、爪切りなども置いてくれている。夕食は、前の寺で一緒になったおじいさんと若い男性、パリから来た中年フランス人ジャンセンさんという三人の歩き遍路と同じテーブルを囲むことになった。食事はお接待なので、簡単な料理かと思ったら新鮮な野菜、青魚の煮物、肉を使った家庭料理が並んだ。

日本語が話せず宿の予約が電話でできないジャンセンさんに頼まれて、奥さんが高知市内のホテルに電話をかけるが空きなし。そこで今度は僕が、英語遍路ガイドブック『Shikoku Japan 88 Route Guide』に付録で付いている「Corrected Lodging List」をみながら電話していくと、ひと部屋空いているホテルを見つけることができた。おじいさんは、義理のお母さんからの勧めでまず車遍路をはじめ、もう十七周も遍路を歩いているとのこと。今年の春、遍路中に心筋梗塞になり病院へ運ばれたが、気がつくとこの秋にはまた遍路を再開していた。

「遍路には時間も、お金も、家の人の理解もいるよねぇ」と宿の奥さんが、ぽつりとつぶやく。「あと、お大師さんに呼ばれないとね」とおじいさんが加える。みんなが自分の人生を振り返ってか、なんとなく沈黙したところで、札所の住職だとすでにばれていた僕が、「ということは、僕は相当呼ばれていますね」と腕を組んで言うと、大笑いになった。「僕にとっては、こうやって知らない人と話せるのが遍路の魅力です」と寡黙な若者お遍路さんが口を開いた。遍路では、わりとひとりでいることを好むことの多い僕にしても、やはりこういう夜は楽しかった。

穴の空いた石

宿の朝食は、パンとスープ、野菜、ヨーグルトにコーヒー。ホテルの食事に比べて野菜がずっと新鮮に感じる。「四国遍路を歩くのは二回目で、コンポステーラは五回歩いたよ。熊野と一緒に作っている記念ピンバッジも持っている」とジャンセンさんが熊野古道×スペイン・サンティアゴ巡礼のバッジを見せてくれた。彼もなかなかのお参り猛者のようだ。
印象的な宿だったので、出発前に宿泊の人たち、宿の夫婦と記念撮影をした。遍路の宿も様々なネットトレビューがあふれていて、僕も大いに参考にさせてもらったけれど、それが必ずしも自分の感覚と一致しないのは、旅をする醍醐味でもある。

二十八番札所・大日寺は聖武天皇の勅願により行基が開基したと伝えられ、その後、大師が境内の楠の大木に爪で薬師如来像を彫ったとされる、三宝山の西麓にある寺だ。本尊の大日如来坐像は高さ百四十六センチと大きく、国の重要文化財である。この寺のご住職は面識のある学僧で『弘法大師空海と出会う』（岩波新書）やいくつかの四国遍路関連本の著者でもある川﨑一洋（僧名・一洸）師であり、「川﨑さんはしっかりこの場所を拝んでおられるだろうなぁ」という気持ちで、自分が境内にいることを感じていた。

大師堂で拝んでいる時、ふといつもの読経に加えて、懺悔随喜《さんがいずいき》という言葉から始まる懺悔《さんげ》（犯した罪を悔いて許しを請うこと）の経を不意にお唱えしていた。
細い小道を登ってゆくこの寺の奥の院「爪彫薬師」にも、お参りすることにした。首から上の病にご利益があるとされ、祈願が叶った時には、お礼参りで穴の空いた石を奉納する慣わしがあり、実際にたくさんの石が積まれてあった。僕もお願い事をしたので、穴の空いた石を探さなければ。

思わぬ法話

次の寺へは、約九キロとわりに近い。歩いていると、農家の方が、「今日は二十一日だから、この先の大師堂でお接待をしているよ」と教えてくださった。小川をいくつか渡ると、小さな大師堂に二十名ぐらいの人たちがお菓子をお接待したり、自分たちも食べながら話が盛り上がっている。その中に作務衣を着たひとりのお坊さんもいた。

「大きなお寺だけでなく、こういう小さなお堂も大事だと思うんだ。そしてそこに人が集まることがね。ところであなたは仕事、何されているんですか？」

「同業と言ったら変ですが、僧侶です」

少し迷って、自分も坊さんであることを伝えた。

「そうですか。あ、拝む時間だ。お接待の途中で、時間を決めて一日何度かお大師さんを拝むんです」

そう言うと僧侶は、少し高くなっている奥まった場所にあがって、集まった人たちと

高知の小さなお堂でお接待

読経をはじめた。そして、僕にもそこにあがるように促し、「みんなに何か法話をしてあげてください」とお願いされた。最初は気恥ずかしくて固辞していたが、「音を観るということ」、娘（おと）の名前の話、弘法大師の残した言葉などを心に浮かぶままに、お話しさせていただいた。

お接待用に作られていた、炊き上がったばかりの美味しいまぜご飯をいただく。さあ、行こうとリュックを背負うと、「今からできる素麺も食べていってください」と椎茸や揚げ、カマボコののった素麺までいただいた。

続く遍路道は、久しぶりに曲がるべき箇所も多く苦労するかなと思ったが、国分川を越えてスムーズに二十九番札所・国分寺《こくぶんじ》へ進んでいった。南国市にある国分寺は、全国の国分寺と同じく奈良時代、聖武天皇によって建立された。大師はこの地を訪れた際に奥の院に毘沙門天像を安置されたと伝わる。本堂（金堂《こんどう》）は、長宗我部国親《くにちか》、元親親子によって永禄元年（一五五八）に再建されたもので、素朴なこけら葺きが美しく、二体の薬師如来立像、創建時の梵鐘と共に重要文化財。オーストラリアのブリスベンから来たという五名グループのお遍路さんが、お地蔵さんの赤い帽子に手をかけて、写真を撮っていた。ああいうものが珍しくみえるのだろうなぁ、と思っていると、連れの人が「あの帽子は写真を撮っている彼女が作ったものなんです」と教えてくれた。

さみしさもひとり遍路の魅力

高知市に入る三十番札所・善楽寺《ぜんらくじ》までは、約七キロとさらに近い。国分寺で雨が降ってきたので、今回のシリーズから新調しているモンベルのゴアテックスを着ることにした。上着（ジャケット）は袈裟の色を意識した黄色、パンツはオレンジ色で、今回も普段選ぶことのないような派手な色を安全のために選んでいる。遍路のために色々なアウトドアグッズを選ぶのもなかなか楽しくて、遭難時用の笛なども念のため持参していた。

畑道を抜けて、逢坂峠《おうさかとうげ》を越えて着く善楽寺では、今まで調子よく歩きすぎたのか強烈に腹が減り少し気分が悪くなったので、ベンチに腰をかけて持っていたミックスナッツ、チョコ、カロリーメイトを口にすると落ち着いてきた。何事も「慣れてきた」と感じる時こそ、要注意かもしれない。

ここはJR高知駅まで四キロ、高知城へ六キロの高知市街に入ってきている。境内では、台湾の国旗を自転車につけたお遍路さんの一団が出発するところで、「バイバイ」と声を掛けられ「再見《ツァイチエン》」と返す。

三十番札所・善楽寺は、大師が土佐神社の別当寺として建立し、神仏習合の霊場として栄えた。しかしその後、多くの高知の寺院、札所と同じように明治の廃仏毀釈の影響を受け、再興は昭和四年を待つことになる。高知の遍路を歩いていると、この明治時代の動きがいかに仏教寺院に大きな影響を与えたかを肌身で感じる。

「神仏習合」というと、日本のみの信仰形態だと感じる人が多いけれど、空海が日本にもたらした密教は、インドの地で興った時から、古い土地の信仰や異教の神と繰り返し融和を重ねてきた。

善楽寺の本尊は、自分が住職の寺と同じ、久しぶりの阿弥陀如来であるので他の寺よりも多く阿弥陀如来の真言をしばし唱えた。

納経所では、旧知の女性住職がお香に造詣が深いのもあり塗香《ずこう》（手に塗るお香）やカラー塗香入れなども販売されていた。僕もオリジナル塗香の「森の塗香」と「松の塗香」を買ってお土産にすることにした。

十六時半に善楽寺のお参りを終え、国分川の下流箇所を再び渡って今日のホテル、「セリーズ」（素泊まり五千九百円）に着いたのは、十七時四十分頃だった。もう雨は止んで、夕日で濡れたアスファルトがキラキラと光る道を歩くのは、子供の頃の通学路を思い出してなつかしく胸に迫る風景である。このあたりには、手作りのワイルドな遍路看板、手書きのサインも多く、何度も勇気づけられる。セリーズは大きなホテルで、チェックインのフロントでは、お遍路さん向けに絆創膏とウェットティッシュ、レストランでのフリードリンク券を渡してくれた。

ドリンク券もあるので、夕食はホテルの一階でとることにして、パスタとシーザーサラダを注文。シーザーサラダはたっぷりの分量で、パスタにもサラダがついていたので、満腹になった。隣のテーブルでは大人のカップルがお食事デートをしている様子で、そのつもりはなくても会話がなんとなく耳にはいってくる。

「君のその〝つつく〟っていう高知弁がいいね」

「じゃあ、なんて言うが？」

「さわるとか……、ふれるとか……」

しばらく沈黙が続く。高知弁で、「つつく」とは「触る」になるらしいことをその時に知った。

翌朝、五時に起床する。昨晩は、夜に部屋でテレビを観ないこと、SNSをチェックしないこと、宿の予約等や道の検討など必要な時以外は、インターネットを使わないことにしてみた。すると本を読んだり、遍路中のメモを整理したりぐらいしかやることがなく、とても静かな時間が過ぎていった。すこしさみしい気分にもなったが、「さみしさを満喫する」のも、ひとり遍路の魅力だ。

六時にホテルを出発する予定が、六時十五分になる。意外と夕方になってこの十五分が、大きく響くことがあるのも遍路ではよくあること。「のんびり」お参りするためにも、朝は予定通り動き始めたい。空は快晴で雲ひとつなく、この十月遍路で一番の天気だ。東から太陽が昇っていて、昨日の夕日が帰ってきたのだと感じる。

弘法大師と話したおばあさん

小さな道に入って舗装路から山道になり、植物学者、牧野富太郎の記念館を取り囲む広大な高知県立牧野植物園に入っていく。遍路道がこの植物園の中を通ることを今回、初めて知った。五台山を登っていると、「このあたりでどん詰まりになっていて、迷ってしまったんです」という今まで何度か寺で出会ったお遍路さんがいる。冷静で無口な様子から、心の中で「スナイパー」と呼んでいたのだが、汗をかいて少し焦っているようだ。周りを見渡すと小さな赤い遍路案内を見つけて、一緒にその道を進んでいき三十一番札所・竹林寺《ちくりんじ》にお参りする。

竹林寺は、聖武天皇が中国の五台山で文殊菩薩に出会う夢を観て、行基に命じて五台山に似た山を探し発見されたのが、この地であると伝わる。五重塔を含めた七堂伽藍が立ち並ぶ境内は静謐な雰囲気に満ちており、四国遍路を代表する名刹のひとつである。特に時代を経た大きく美しい石段をお遍路さんが歩く姿は、四国遍路の代名詞のように感じる人も多い。近年では建築家の堀部《ほりべ》安嗣《やすし》氏が設計した納骨堂や本坊などの建築群も点在する。僕もすごく好きなお寺であるし、中国の五台山に参拝したことがあるので縁を感じる。イタリア人のルイージさんにも再会し、彼も「ここまで来るのに、グルグルしてずいぶん迷ったよ」と笑顔で話す。

大師堂にお参りしながら、このお堂の周りを十五年掃除し続けているというおばあさんに話しかけられた。

「私、お大師さん参ってんやけどな、そんなにいっつも行くわけにはいかんので、大師さんと話したら、そうせいやっておっしゃるから、十五年掃除してるの」

「お大師さんと話したんですか？」

野暮とはわかりながら、ふとした気持ちが湧いてあえて問いかけてみた。「うん、なんとなくな。綺麗にしてたほうが気持ちいいし。これ、今日の初お接待よ」と飴をふたつくださった。竹林寺は、広い寺ということもありじっくり拝んで、色々と見て回ると二時間ほど滞在していた。それでも宝物館や夢窓疎石《むそうそせき》作の庭の見学は、次回の訪問にまわすことにした。

「KUKAI IN YOU」

次の寺に向かって歩きながら、大師堂で会ったおばあさんや無数のお遍路さんたちは、「お大師さん」「同行二人」という言葉で、空海を呼びながら、無意識に自身や自然の中にある「仏」なるものを、呼びつづけているのではないかという気持ちが溢れてきた。「仏様ってなんですか?」と寺を訪れた子供に聞かれた時、「生き物や植物、石、すべての存在が、共通して持っている何かなのかな」と答えたことがあった。自分が宗教的な世界へ入ろうとする時には、その手がかりに「自分自身が、草や土と同じような自然物であること」を心で確認することもある。

その僕の思いは妄念かもしれないけれど、あらゆる人々が、「仏」と関係を保っておくための、〝合い言葉〟としての「お大師さん」「同行二人」という言葉が、今まで以上にリアルにありありと感じられるようだった。

「※KUKAI　IN　YOU」(あなたの中の空海)

空と木々を見つめ、汗をぬぐいながらそんな言葉をつぶやいていた。

「遂《つい》に乃《すなわ》ち朝市《ちょうし》の栄華念念に之を厭《いと》い、巌藪《がんそう》の煙霞《えんか》日夕《じっせき》に之を飢《ねが》う」

――かくて私は、朝廷で名を競い市場で利を争う世俗の栄達は刻々にうとましく思うようになり、煙霞《もや》にとざされた山林の生活を朝夕にこいねがうようになった。(弘法大師空海『三教指帰』)

空海、二十四歳出家宣言の作『三教指帰』序文に描かれた心情だ。大師がこの四国の空気中に浮かぶ小さな水滴（霞《かすみ》）の中で、見つめ続けた「仏」とは、一体どのようなものなのだろうか。それは、今に生きる僕たちにも太く繋がったことなのだ。

山本玄峰老師が出家した寺

竹林寺を辞し、下田川を渡って川沿いの細い道を歩く。晴れた空の下で綺麗な川を渡るだけで、どこか心は満たされていく。「マムシに注意」の看板に気を引き締めながら、三十二番札所・禅師峰寺《ぜんじぶじ》の山門をくぐった。

禅師峰寺は、土佐湾を望む小高い場所にある。行基が海上安全を祈念して堂宇を建立したのが起源とされ、のちこの地に立った弘法大師は、その山容がインド、補陀落山《ふだらくせん》さながらであることから虚空蔵求聞持法を修し本尊を刻んだ。境内から望む海の色は青色というよりは、今日の気候もあるのか透明感の強いうすいブルーで、荒々しい岩の風景や寺名とも相まって、この地が瞑想修行の盛んな場であったことを彷彿とさせる。札所の寺は、すべて御詠歌《ごえいか》という「歌」を持っているが、この寺の御詠歌「静かなるわがみなもとの禅師峰寺浮かぶ心は法《のり》の早船《はやぶね》」は、まさにこの静寂な修行者たちの場をよく表す。境内の古い石像の姿も、素朴ながらどこか心の奥底に届くような表情だ。大師堂では、今日が天皇陛下の即位礼正殿の儀が行われる日であることも心に浮かび、国と世界の安寧も祈願した。

禅師峰寺のお参りを終えると、ルートに関してひとつの迷いが生じる。この先は、古くからの遍路では渡し船が用いられていた。かつてはそのような場所が多くあったようだが、現在ではほとんどの場所に橋が架けられている。ここも浦戸大橋を徒歩で渡ることもできるが、今でも県営の無料渡船が種崎から長浜まで一日何便も運航していて、その五分間の航路に歩き遍路さんが乗ることは、この地の風物詩にもなっている。橋を渡ってすべての遍路道を歩き通すことと、オリジナルルートに近い風光明媚な渡し船に乗ることは甲乙付けがたい。納経所でもその話になった。

「船に乗るか歩くか迷っているんです」

「そりゃ船ですよ。橋が後からできたんですから」という会話に背中を押され、船に乗ってみることにした。

昼に食堂で生姜焼き定食を食べ、歩いていると栄福寺のある地元今治のバス会社「せとうちバス」の団体遍路バスが通りかかる。すれ違っただけで僕のことがわかったらしく、近くの駐車場にわざわざ車を停めて、袋に入った大量のお菓子をお接待してくださった。後の行程を考えると十五時十分の船に乗りたいと思い、お菓子の入ったビニール袋をリュックにくくりつけて、かつてない全速力のスピードで歩いた。「急ぐ」ということをひとつのタブーにしている僕の遍路だが、もちろん例外もある。なんとか十五時に船着き場に到着し、無事何人かのお遍路さんや地元の人とともに小さな船に乗った。

対岸に着いて、ずいぶん急いだせいで痛み始めた足をしばらくマッサージして歩き始める。途中、酔鯨の蔵元も通りかかった。船に乗ったことで、なんだか島にいるような感覚がある。

少し歩いた場所にある**三十三番札所・雪蹊寺**《せっけいじ》は、臨済宗妙心寺派の寺で、もとは弘法大師の創建された真言宗の寺（かつての寺名は高福寺）であった。寺名は、長宗我部元親の法号（戒名）「雪蹊恕三大禅定門」《せっけいにょさんたいぜんしょうもん》を由来とする。鎌倉時代の仏師運慶・湛慶親子はこの地にいくつかの仏像を残しており、湛慶作の現存しているものは極めて数が少ないので、彫刻史のうえでも重要な寺だ。

お慕いする曹洞宗《そうとう》の禅僧・藤田一照師から若き日の歩き遍路の思い出を伺った時に、

この雪蹊寺で七回目の遍路中に山本太玄住職に救われて出家し、昭和の傑僧といわれた熊野出身の山本玄峰老師（一八六六～一九六一。後に臨済宗妙心寺派管長）のことを話されていたことがあったので、境内の老師の胸像にも思いを込めて手を合わせる。後に玄峰老師の著作『無門関提唱』や評伝を古書で求めることになった。

スイス人彫師にとっての四国遍路

今日の宿「高知屋」は、部屋から雪蹊寺の境内がすぐ間近に見えるほどの門前の宿（一食付七千百五十円）。以前からある宿だが、近年に新装開店したようだった。白衣を脱ぐ時に紐がとれてしまい、安全ピンがないか伺ったら、宿の方が縫ってくださった。

食卓は男女三人の日本人お遍路さんと、まだ二十～三十代にみえるスイス人タトゥー彫師の男性で囲む。彼は、北斎、広重、河鍋暁斎《かわなべきょうさい》といった日本人絵師に影響を受けたとのことだ。小さな竹の子や野菜、ミョウガをたくさん使ったカツオのタタキ、地元の煮魚も出て美味しい。

「遍路の寺では、四十分ぐらい瞑想をしています。瞑想は、だんだんできるようになるものだから、ゆっくりゆっくり続けたらいいと思っている。僕にとって瞑想はサイレンス（静けさ）を探すこと。でも思考がやって来ても無理に振り払わないようにしているんだ」と、スイス人お遍路さんが日本語と英語を交えて言う。すごくハンサムな人なので女性陣は、「なんでそんなに日本に来ているの？　ガールフレンド？」と盛り上がっていた。

「ガールフレンドは、サムタイムス（時々）。四国は、すごく特別な場所なんだ。寺にある力がすごい。大昔、信仰はすべて自然だったと思う。その時代の人は、その力を知っていたし、見えたはずだよ。そこを寺にしたんだろうね。だから場所の力が強烈なんだと思う。四国はすごいよ」

食事の後、同宿の人たちに今日いただいたお接待のお菓子を分けて回った。そして部屋に戻り、いつものように真言を唱え瞑想をした。

翌日は、朝の時間をゆっくり過ごすために四時半に起きて瞑想をする。宿の朝食では、昨晩夕食を囲んだ女性のお遍路さんがいた。

「僕は、ホテルに泊まることもあるんですけれど、なんとなく雰囲気が恐い時もあるんですよね」

「それは、お坊さんという職業柄？」

「いや、そういうわけじゃなくて、ただ恐いなぁと感じることがあるだけなんです」

「私ね、親類の四十九日の時に法事に来られたご住職から、〝七年後にご主人亡くなるよ〟と言われて本当に亡くなったんです。それでまた法事の時に聞いてみたら、〝あの時は、そういうのがよく見えました。でも評判悪くって〟って言うんですよ」

「そうですか……。たしかに予言だけされても困っちゃいますよね」

四国の清流、仁淀川

七時過ぎに出発すると、宿の奥さんが小さくなっても僕の方をまだ見送っている。遍路道を歩いていると、地主《じしゅ》神社、竈《かまど》土神社とここにも数多くある神社や祠の前を通りかかり、六キロほどで**三十四番札所・種間寺《たねまじ》**に着いた。

敏達《びだつ》天皇の時代、五七七年に大阪四天王寺の造営にあたって百済《くだら》の皇子より派遣された仏師や造寺工が帰国の際、土佐沖で暴風雨に遭い、種間寺の近くに寄港した。彼らが、海上安全を祈願して薬師如来像を彫造したのがこの寺の起源とされる。その二百年以上のち、弘法大師が弘仁年間に訪れ、薬師如来を本尊とし諸堂を建立した。

ベンチに座っていると、宿で話した女性が寺に到着し、「昨日のお菓子のお返しです」

とバナナをくれた。納経所におられたご住職にご挨拶させていただく。

「おおー、今回はいつまでですか？　またお会いしましょう」

大師堂では、九十歳は超えていると思われる女性が、「お大師さま、お参りさせていただきました。どうかお見守りください」と大きな声で話しかけていた。今日は、いつもより時間に余裕があり寺のベンチでしばらく瞑想をする。

寺を出発し、近年、四国きっての清流として知名度を増している仁淀《によど》川を渡る。愛媛から高知を流れる川で、西日本最高峰の石鎚山《いしづちさん》から発するその水は透明度が高く「仁淀ブルー」とも称される。江戸期の眞念は、この川を舟で渡っている。途中、女性たちが大量の生姜を洗っている場所を通りかかり、土地の人たちの生活の姿も目の当たりにした。通りかかったラーメン屋で昼食をすませ、種間寺から十キロほどの小高い場所にある**三十五番札所・清瀧寺《きよたきじ》**に着く。

清瀧寺は標高約百五十メートルで、和紙を漉《す》く水の源泉として信仰厚い場所である。開基は行基で、この地の霊気を感得し薬師如来像をまつった。後に弘法大師が訪れ岩の上に壇を築き、修法して杖で壇を突くと岩から清水が湧き出たという。それ以来、寺名を清瀧寺と改めた。今でも本堂の右奥では清水が流れている。

古刹の厳粛な雰囲気の中、本堂と大師堂を拝み、どこかお参りの人の邪魔にならない場所で瞑想のできるところを探して、水の音が聞こえる本堂のあたりを歩くと、すでにあのスイス人お遍路さんが瞑想していた。自分も見つけた場所で瞑想した後、休憩しながら彼と話し込む。

「空海は瞑想をしていたと思うんです。だから瞑想しています。お遍路さんの唱えているマントラ（真言）は、時々、瞑想の助けになります」

そう言うと彼は、ヤクの骨でできたチベットの数珠をみせてくれた。

「遍路を歩いていると、色々な石仏があります。そして彼らも瞑想している！」

この寺には気がつけば二時間四十分ほど滞在していた。

雨の宇佐大橋を渡る

十六時四十分に今日の宿「ビジネスイン土佐」に到着（素泊まり五千四百円）。一般的なビジネスホテルだが、電飾付きの看板に、「歓迎・八十八ヶ所巡拝の宿」とあり、場所柄お遍路さんの利用も多いようだ。明日はわりと早く宿に着くだろう。ホテル一階の居酒屋で、ゴーヤチャンプルーなどの夕食を食べた。遍路中は禁酒期間なのでお酒は飲まない。部屋で今日まわった寺、明日参る寺の真言を唱え、瞑想して就寝した。

朝起きると、予報通り雨が降っている。宿の近くにある地元の人で賑わうパン屋で、パンとサラダ、コーヒー、味噌汁などの付いたモーニングセットの朝食。普通の旅行ではなかなか訪れることのない、地元の人気店に出くわすのも遍路のうれしさのひとつ。

結構降っているし、今日は長い橋を渡ることになっているので、予定を一日早めて帰ることも頭をよぎる。ホテルに戻り、フロントの女性に「今日は橋を渡ります。大雨で通行止めになることもあるんですか？」と話しかけると、「台風の時ぐらいですよ。小学生も通ってますから」とのことで、やはり出発することにした。

しばらく歩くと、塚地坂《つかじざか》トンネル（全長八百三十七・五メートル）と、山を越える塚地峠の遍路道との分岐点がある。遍路道の途中で、何度も遭遇する「トンネルと古い峠道」の選択だ。今回は時間に余裕があり、雨の日は木に囲まれた山中が意外と歩きやすいということもあって（もちろん雨量によるが）、峠道を選択した。休憩所で妻に近況をＬＩＮＥで送ると、「自分を信じて進め」というスタンプで返信が来た。

塚地峠はかつて水揚げされたカツオの行商の道でもあった。山に入ると雨に濡れた石畳ですべって転んだが、幸い怪我はしていないようだ。峠を越えて海岸に沿った道にたどり着き、橋手前のファミリーマートで、カップヌードル（カレー味）とチキンサラダの昼食。雨に濡れた体に温かいカップヌードルが染み渡る。金髪に染めた若い男性に橋のことを聞くと、「歩いて渡れますよ。お寺は渡ったらすぐです」と教えてくれ、出発前にもう一度、「気をつけて行ってくださいね」と声をかけてくれた。店を出て、明日帰る時に使うことになりそうなバス停の位置を確認し、宇佐漁港と横浪半島を結ぶ全長六百四十五メートルの宇佐大橋を渡った。ここも昭和四十八年の橋開通までは長く渡し船が活躍しており、眞念は江戸時代の船賃を四銭と記録している。

高所が苦手なため、少しばかり恐い思いをしながら橋を渡ると、今日泊まる宿を通りかかったので、何時ぐらいに部屋に入れるか確認した。団体客の歓迎プレートには、真言宗豊山派の修行道場である専修学院の札もかかっている。そこから山の中腹まで石段をのぼり、**三十六番札所・青龍寺**《しょうりゅうじ》へ向かう。

青龍寺は、弘法大師が唐から日本に戻る際、東の空に向かって投げた密教法具の独鈷《とっこ》杵《しょ》が飛来した場所と伝わる。大師は、帰国後この地に堂宇を建立し、師である恵果《けいか》和尚《かしょう》が長安の青龍寺の僧であることにちなんで名づけた。ここでもあのスイス人が瞑想をしていた。僕も数珠を繰りながら、本尊波切不動明王の真言をしばらく唱え、強い雨が降っている境内で、雨宿りをしながら瞑想をする。この寺では、子供を亡くして供養のために遍路を参っている夫婦と出会い、そういった繊細な祈りを持った巡拝者と聖地を共に過ごしていることを忘れてはならないとあらためて感じる。

「寿《いのち》を延ぶる神丹《しんたん》千両を服すと雖《いえど》も、魂を返す奇香百斛《ききょうはくこく》尽《ことごと》く燃《た》くとも、何ぞ片時《へんし》を留めむ。誰か三泉を脱《まぬが》れむ」

――寿命を延ばす神丹を千両のんでも、また人を生き返らせる不思議な香を百石すべて焚《た》いても、片時も生命を留めることはできない。だれでもあの世に行かずにいられない。（弘法大師空海『三教指帰』）

人間は、いつか死ぬ。だからこそ生とはどのようなものなのか。死とはなにか。そのことをずっと抱え、考え、手を合わせる。

お参りを終えて、先ほど通り過ぎた温泉宿「三陽荘」に向かう（二食付一万千五百円）。遍路で泊まった宿の中では高級な部類に入るけれど、場所も便利であるし、やはり「源泉掛け流し温泉」とあると思わず泊まりたくなるのが正直なところだ。歩き遍路はどうしても体が汚れるので、どこの宿でも風呂の湯船に浸かる前に、まず石鹸で体を洗ってから入ることにしていた。湯の色が茶色の温泉で、今日も雨に濡れていたこともあり、入ると思わず「うーーーー」と声が出る。夕食の際にとなりのテーブルの老夫婦が、「もう一回お参りできるかな?」としんみり会話をしている。

「免許があればね」

「そう来たか」

「でも、どっちが先に逝くかわからないものね。女の人は趣味があるけど」

「問題は男だよ」

この宿には、弘法大師と不動明王の像をまつった持仏堂のような場所もあり、売店では巡拝用品も多く販売している。遍路の「小さな宿」ばかりでなく、こういったミドルサイズの宿も独特の文化で興味深く感じた。部屋にいると栄福寺から電話があり、帰った翌日、葬式を拝むことになる。

朝早く起きて、せっかくなのでもう一度温泉に入った。今日は栄福寺に帰る日だ。昨日から打って変わって快晴となり、今から出発する貸し切りバスの団体遍路さんたちが準備をしている。ホテルの無料送迎バスで近くのバス停まで連れて行ってもらい、そこから一時間（約千二百円）ほどで高知駅まで行く。三時間半かけて今治駅に帰った。今日の夕方には、町内の寺の儀式に出仕することになっている。

いつの時代からか、この四国遍路の四国（徳島、高知、愛媛、香川）を、密教経典『大日経』に説かれる「発心」（阿波）、「修行」（土佐）、「菩提」（伊予《いよ》）、「涅槃」（讃岐《さぬき》）の道場と位置づけることが多くなった。思いがけず瞑想することが多くなった今回の遍路は、後から考えてみると「修行の道場」高知の雰囲気に手を引かれたのかもしれない。

※文中の「ＫＵＫＡＩ　ＩＮ　ＹＯＵ」の語は、美術家・宮島達男氏の提唱する概念、「Art in You」より着想を得た。

第四章　「四万十川！四万十川！四万十川！」

・二〇一九年十一月十五日〜二十二日
・三十七番岩本寺↓三十八番金剛福寺

大間駅
ビジネスホテル鳥越Ⓑ
Ⓐ一福旅館
JR土讃線
土佐久礼駅
高知自動車道
影野駅
高知県
美馬旅館Ⓒ
岩本寺㊲
窪川駅
若井駅
伊与木川
JR予土線
Ⓓ土佐佐賀温泉 こぶしのさと
鹿島ヶ浦
土佐くろしお鉄道中村・宿毛線
中村駅
Ⓔネスト・ウエストガーデン土佐
土佐湾
四万十川
眞念庵
Ⓕ民宿大岐の浜
㊳金剛福寺
足摺岬
Ⓖ足摺国際ホテル
0
10km
【2019年11月15日～22日】

宿がとれない

前回から約一ヶ月後の二〇一九年十一月十五日に四回目となる遍路をスタートした。しかし前回最後に泊まった土佐市宇佐町の三陽荘やその周辺の旅館がすべて満室か休業中。仕方なく、かなり先の場所にある須崎市多ノ郷《おおのごう》駅近くの「一福旅館」（素泊まり四千六百円）を予約することにした。

今治駅には練習がてら栄福寺から歩いて行き、香川の多度津駅で乗り換えて、十五時過ぎに旅館に着いた。問題は、翌日ここから前回打ち止めにした三陽荘までどうやって移動するかだ。二十キロほどあるので歩くには相当な時間がかかる。坂内《さかうち》から埋立《うめたて》まで浦ノ内湾を渡る巡航船もあったけれど時間が合わず、電車もないので、事前にだいたいの料金を確認した上で初めてタクシーを使うことにした。金銭的にはもったいないし、なんとなく歩き遍路の雰囲気が出ないが、「遍路道の全行程を歩く」という大前提となる目標があるので、それ以外の道ではあまり無理をしないことにした。

次の日、早朝に宿まで地元タクシーに来てもらい、三十五分ぐらいかけて三陽荘に向かう。

　三陽荘に着くと、お遍路さんの団体バスが何台か停まっている。秋の遍路シーズンが始まり、宿も賑わっているようだ。前回、雨の中を渡った宇佐大橋は快晴で、同じ橋と思えない。遍路道を歩き始めると、お遍路さんが泊まることのできる小屋があった。古い小さなコンクリートの建物の中に、二畳の畳が赤い一升瓶ケースの上に敷いてあるだけの簡素なものだが、壁には遍路の納札が何枚も貼ってあり、英語でたくさんの感謝の言葉が書かれていた。

遍路問答は突然に

　トンネルを越え海際の道を歩いていると、遍路ではなさそうな六十五歳ぐらいにみえる男性から話しかけられた。

「どちらからですか？　今治ですか。私は高知市内からですが、お腹を減らすためにこのあたりを歩いています。若い頃から仕事を転々として、電気布団を売っていた頃は、年間一位になったこともあります」

「私には信念があります。それはブッダの教えの中にあります。＊＊経です。気を悪くしないでください。あなたのしている遍路は、世の道理、仏教の教えに反しています。お釈迦さんは、因果応報を説きました。だから空海は晩年、病気で苦しんだんです」「お釈迦さんは、病気で苦しまなかったのでしょうか？」と僕が尋ねると、彼は待ってましたとばかりに「はい、まったく苦しんでおりません！」と迷いのない笑顔を見せ、その後も自分が信仰している「教え」と空海や遍路への批判を歩きながらずっと語り続けた。「お話、ありがとうございます。もう結構ですので、このあたりで」と僕は話をさえぎる。「いや、もう少しお話ししたいのだけど」と彼はわずかに語気を強めた。「私にも話す相手を選ぶ権利があります。そして弘法大師を信仰しています」ときっぱり伝えると、あきらめて付いてくるのをやめた。どうやら近くに車を停めていたようで、しばらくすると車で僕を追い抜いていった。雰囲気からすると、日を決めてそこを通るお遍路さんに話しかけているようだ。後日、この話を歩き遍路をした僧侶に話すと、まったく同じ経験をしていた。

心がヒヤッとするような経験でもあったし、ある意味で現代社会の中での宗教の姿を見たような複雑な気分だった。しかし人気の少ない場所でもあり、単身の女性お遍路さんなどは、恐い時もあるだろうし、当然ながら気分もよくない。

十五時二十分頃に、今日の宿、大間《おおま》駅近くの「ビジネスホテル鳥越」（素泊まり四千九百円）に着いた。

「オレ」は生きている限りずっといる

翌日は移動距離の短い行程だったので、宿に早く着きすぎても困ると思い、ゆっくりして八時四十分頃スタートした。須崎の市役所や警察署の前を歩いて、大きな新荘《しんじょう》川を渡る。今日も秋の快晴で、風が川の水に冷やされて心地いい。このあたりは遍路道と一部並行するように高速道路が走っている場所で、中心街を離れると海を望み、トンネルを越え、山の野道に入って行き、標高二百メートルほどの峠道を越えていく。

歩きながら、ふとダライ・ラマ法王が、「幸せになりたいならば、〝しあわせになりますように〟と祈るだけではだめですよ」と法話で話されていたことが、頭に浮かんだ。そこからつれづれに「〝オレ〟だけでは幸せになれない。でも〝オレ〟という人は生きている限りずっといる。〝オレ〟を時に他者のようにみる」「でも、その〝オレ〟も空《くう》である」などと考えたりしながら、「空有不二《くううふに》」という言葉が胸に去来する。後で調べてみると、「有空不二《うくうふに》」という語は仏教語として実際にある言葉だった。

昼過ぎに、土佐久礼《くれ》駅に着いた。じつは今日は、ここから電車に乗る。全行程を歩くことを断念したわけではない。昨日の宿で「ここから一日で三十七番の岩本寺《いわもとじ》まで行く人が多いでしょうか？」と聞くと「いや多くの人は、近いけれど手前の土佐久礼駅近くの大谷旅館や福屋旅館に泊まります」とのことだった。しかしどの宿も一杯である。そこで土佐久礼駅から電車に乗って三十七番岩本寺近くの窪川駅に行き、駅近くの宿に泊まって、翌日また土佐久礼駅まで帰ってくるという計画にした。同じように遍路を歩きながらも宿には電車で向かい、翌朝元の駅まで戻ってくるお遍路さんは多くいた。後から考えてみると、朝早く出れば岩本寺までは、自分にとっては徒歩圏内だったかもしれないけれど、まだ前半でもあるし峠も多く、余裕を持って行った方が足馴らしにもなるだろう。

土佐久礼駅から窪川駅は約二十キロで、普通電車で三十分ほどだ。窪川駅に十四時頃に着いたので、明日お参りしようと思っていた駅近くの岩本寺に先にお参りをすることにした。駅の近くでは、近所の小学生たちが水鉄砲を手に遊んでいる。

「どこから来たんですか？」

「今治だよ」

話していると、黒い四万十牛を何頭か載せた「Kochi Beef」と書かれたトラックが通りかかり、その牛を子供たちと眺める。

「牛だね。食べる用なのかな？」

「うん。そこが肉屋ですからね」

五つの本尊

四万十町の三十七番札所・岩本寺は、標高三百メートルほどの台地にある。阿弥陀如来、薬師如来、観音菩薩、不動明王、地蔵菩薩の五尊が本尊となっている珍しいお寺だ。縁起では、行基が開基の福円満寺《ふくえんまんじ》が前身であり、弘法大師がこの寺を訪れた弘仁年間、一社に祀られていた仁井田《にいだ》明神のご神体を五つの本地仏に分けて安置したとされている。十六世紀に兵火で焼失するが、再建の際に、岩本寺が寺の法灯、神社の別当職を継承した。

「塵刹《じんせつ》の海会《かいえ》は、即ち是れ我が宝なり」

――宇宙に満つ無数の曼荼羅諸尊。これらみな我が心に宿る宝である。（弘法大師空海

『叶字義』)

弘法大師のこのような言葉に触れると本尊が複数おられることが、むしろ自然な感覚に思えてくる。大師堂での読経の時、覚えているはずのお経でなぜか何度か詰まるところがあり、最後にそのお経をもう一度お勤めし、日光の当たるベンチで、お参りの邪魔にならないように注意しながらしばらく瞑想をした。

今日の宿は、岩本寺門前にある築八十年余の「美馬旅館」(夕食付八千二百五十円)。向かいに地元の木をふんだんに使い、綺麗にデザインされた新しい離れ(別館)の「木のホテル」もある。明日は朝が早く、朝食を宿で食べることができないので近くのドラッグストアで、パンやヨーグルトを買っておいた。

「木のホテル」と共通の落ち着いた場所で食べる夕食は、ホウボウとカンパチの刺身や、イワシのつみれの鍋など薄味で上品な雰囲気で、料理もお米もとても美味しく、またいつか訪れたいと思った。宿には、平成二十年に歩き遍路をした作家、車谷長吉さんの色紙「無一物がええなァ。」が額に入れて飾られている。部屋で日記の整理をして、ガスの強力な乾燥機(ありがたい)で洗濯物を乾かし、いつものテニスボールマッサージ、瞑想、本尊の真言を唱えてから就寝した。

「ひとり」の心地よさ

次の日は、スタートの土佐久礼駅から三十二キロほど歩く予定なので、四時半に起床し、まずはドラッグストアで買った賞味期限のずいぶん長いホットドッグを食べる。iPhoneでなんとなくかけていたラジオからは、東儀秀樹さんが演奏する雅楽バージョンの「見つめていたい」（ポリス）が流れていた。

五時半に出発し宿近くの窪川駅まで歩いて、まずは土佐久礼駅まで戻る。六時前発の電車には、高校生が五人ほど乗っていて、二十代ぐらいの若い男女二人組の歩き遍路さんもいた。外はまだ暗い。今日から、安全のために家にあった散歩用の反射テープをリュックにつけてみた。

「南無大師遍照金剛」と唱えながらリズムに乗って歩き始める。この遍路で「ひとり」が多いことは、時に人に合わせ過ぎたり、逆に集団の中で独りよがりになることもある自分にとって、「じゃあ自分ひとりでやるとしたら、どうするの？」ということの練習になっている気がした。そしてその感覚は、案外心地のいいものだった。

今日は、雨が降っている。小雨のうちにリュックにナイロンカバーを掛けようと、民家の軒を借りていると家の人が出てきた。

「あ、すいません」

「いやいや、いいよ。ずいぶん荷物が多いね」

晴れ間がのぞいたと思うと、また降ってきた。山に入り歩き遍路用の地図を見ると「降雨の際は滝の流水で通行不能の場合がある」とあるので、油断は禁物だ。小さな崖を登るために木の根っこをロープのように引っぱると、スポンと抜けて危ないところだった。今まで痛くなったことのなかった足の指の付け根が痛んでくる。秋は涼しくてあまり疲れを感じないので、逆に言うと体にはいつもより負担がかかっているのかもしれない。元気な時ほど注意しなければ。

影野《かげの》駅のあたりまで出てくると、寺やゲストハウスもある。道の駅「あぐり窪川」に着いたので昼食にすることにして、このあたりの名産である「仁井田米」を栄福寺に送った。駐車場にはお遍路さんを乗せたジャンボタクシーの運転手さんがいて、「私は、車椅子の団体さんをお連れすることが多いんです。やはり結願されると、皆さん涙ぐまれる方が多いですよ」などと色々な話を聞きながら、ここでも一時間以上経っていた。

十四時前、窪川駅近くの四万十町役場が木材を使った大きな建物だったので、中に入ってしばらく見学する。出てきて歩いていると、昨日泊まった美馬旅館の若旦那に声をかけられた。

「さっき車で抜いたのでわかりました。順調ですか？　夕方には着きそうですね」

昨日、お参りを済ませた三十七番・岩本寺の門前で合掌、一礼し前へ進む。雨は止む気配はなく、遍路道に入り損ねたかなと思っていると、遍路道への曲がり角を示す大師像が現れ、また合掌して左へ山への道を入って行く。まだ夕方であるのに、雨のせいか山の中はずいぶん暗い。もっと遅くなっていたら、真っ暗になっていただろう。

二者択一ではなくバランスをとる

十六時三十分頃、幡多《はた》郡黒潮町の「土佐佐賀温泉　こぶしのさと」（二食付八千円）に着いた。やはり疲れた体に温泉が気持ちいい。遍路をしていると苦しい経験をすることも多いが、その分、身心が「心地いい」という経験を毎日たくさんすることに気づいた。これは現代人が、置いてきぼりにしやすい感覚のように思う。その心地よさを繰り返すこと自体が、月並みだけれど、「人生の休憩時間」を過ごしているような気分になる。

夕食にカツオのカルパッチョや天ぷらが出る。天ぷらが温かいのがうれしい。宿の本棚には、『アルキヘンロズカン』や『55歳の地図―実録！リストラ漫画家遍路旅―』といった四国遍路を舞台にした漫画も数冊置いてあり、寺に帰ったら読んでみたくなった。

朝、宿で七時からの朝食を食べる。そこでまた遍路での「ひとり」について考えていた。僕が遍路でのひとりを心地よく感じるのは、たぶん帰ることのできる「ホーム」があるからだと思う。普段ひとりで住んでいるお遍路さんが、何人かで食べる食事を本当に楽しそうにしている様子からも、なんとなくそんなことを想像していた。人は、孤独も集団生活も、好きでもあり嫌いでもあるから、なかなか複雑だ。都市と田舎もそうだが二者択一ではなく、四国遍路のような場所で、バランスをとるために両方を味わうことが大事なのだろう。

鹿島で仏と死を思う

まずは伊与木《いよき》川沿いに、八坂神社や熊野神社の前を通っておだやかな風景を歩いていく。今日は快晴で「お遍路さん休憩処」を構えてくださっているローソンで十時頃に休憩。下関から来たというお遍路さんがいた。

「僕はだいたい四十キロ歩くことにしています。朝食はコンビニで買っておいて六時に出発するんです。夜はやることもないので、すぐに寝て」

このパターンで動いているお遍路さんも多かった。

遍路道は、再び海沿いの道になる。鹿島ヶ浦に浮かぶ鹿島を眺めていると、なにか知らぬが感激で涙が流れそうになった。四国遍路で「弘法大師に会った」という伝説が絶えることがないのは、自らの心にある仏、大日如来を垣間見た、ということなのだろうか。そしてそれは、自心ばかりでなくこの海、木、草、島にも満ちている。


「法身の三密は纎芥《せんがい》に入れども迮《せば》まらず、大虚《たいきょ》に亘《わた》れども寛《ひろ》からず、瓦石草木《がしゃくそうもく》を簡《えら》ばず、人天《にんでん》鬼畜を択《きら》わず、何《いず》れの処にか遍《へん》ぜざる」

――法身仏の身と口と意の三密は極小の塵芥《じんかい》の中に入ってもさして狭いわけではなく、虚空に入れてもそれほど広いということはない。瓦礫という非生物や草木などの植物をえり好みするわけでもない。人間や化け物の類に至るまで、どこにでも入り込み、どのようなものでも持ち支え、包み込んでしまう。（弘法大師空海『吽字義』）

高知県幡多郡の鹿島ヶ浦に浮かぶ鹿島を眺める

空海は仏を大空にも草や鬼にもみた。それは、僕たちにとっても同じはずだ。

自分が幼少の頃から、また僧侶になってからも、常に「死」という不可解と共に生きてきたことを思う。それはとても大切なことである一方、時に現実的に重たいことだった。そんな自分に「命まで取られるわけじゃない」と励ましてくれる人もいたけれど、そうではなかった。人はいつだって死に得るのだ。それをどこかで認めること。しかし大空と草はここに残ること。死は「生まれる前に戻る」ようなものであるという想像を、最近することがある。その感覚を繰り返し思い浮かべること。それが今、僕にとっての死との付き合い方だ。

そのような思索を重ねても、死が「わかった」わけではもちろんない。遍路は、「わかること」を増やすことではなく、「わからないことを深める」旅路でもあるのだ。

四万十川を歩いて渡る

あてにしていたドライブインは廃業していたが、通りかかった海辺の民宿食堂で食べたカツオのタタキ丼は、最高に美味しい脂の乗ったカツオだった。ずっと海際の道を歩き、いくつかの集落を越え、あまり人の気配のない大きな公園内の野球場を通り、海を眺める小高い場所にある円形建物、「ネスト・ウエストガーデン土佐」(二食付七千四百円)に着いた。大浴場に行くと、サーファーの三人がすでに入っている。

「へー、ヘンロですか」

「なかなか楽しいですよ。疲れますけど、サーフィンほどは疲れないと思う」

「いや、自分は絶対無理っすね。尊敬します」

「僕にはサーフィンは無理です。サーフィンは事故が時々ありますが、なんというのかな……、それがちょっとスリルになったりもするんですか?」

「いや、自分は絶対に死にたくないです。宮崎でそういう現場に立ち会ったことがあって」

円状にぐるっと並んだ部屋は何タイプかあるようで、僕は和室だったので、足を伸ばしてゆっくりできた。お土産に、天日干しの塩を買う。明日の宿は、土佐清水市にある「民宿いさりび」に電話したが、満室。少し先の「民宿大岐《おおき》の浜」を予約することができた。こういう時に忘れがたい宿と出会うのが、遍路の楽しさでもある。

翌朝、五時半に起床し、体をほぐすためにいつものピラティス、そして瞑想。今日、四万十川に至る予定の道も三ルートが地図に掲載されている。一つ目は、このまま海辺の道を進み四万十川で「下田の渡し」という渡し舟に乗るルート（地図によると電話確認が必要とのことだった）。二つ目は、その西側を土佐くろしお鉄道中村・宿毛《すくも》線に沿って、トンネルを越えながら進むルート、そしてその間にある四万十大橋を渡るルートだ。僕は、四万十川を歩いて渡ってみたいと思い、三つ目の道を進むことにした。今日も晴れた海から日が昇る。

十時頃に渡ることになった四万十川は、想像以上に雄大で、この時間のためだけであっても、本当に遍路をしてよかったと思う美しさだった。遍路中に書き続けている小さなノートには、ただ「四万十川！四万十川！四万十川！」と書き記す。川を渡ってすぐのうどん屋「田子作」であおさ海苔のうどんを食べた。「もう四十年やっています。でも四万十川でうなぎや海苔があまり採れなくなりました。あおさは少し採れますが」と話すご主人や奥さんに、今後のルートについて相談する。

続く道は眞念庵を経由して山道を行くか、トンネルを行くか迷うが、時間がやや心配になってきたこともあり、全長千六百二十メートルの伊豆田トンネルを通った。トンネル内は安全のために、反射テープだけでなく手に携帯電話の懐中電灯もつけて持ち歩く。そして排気ガス対策のマスクも装着した。江戸時代前期、四国遍路を民衆に広めた僧、眞念の眞念庵には、遍路を終えた後であってもお参りしたい。

馬が合う宿

十五時半頃、何度か同行のお遍路さんに勧められた宿「ロッジ・カメリア」の前を通ると、宿主のおじさんがいてビニール袋に入ったお菓子をお接待してくださった。

「ここで宿をはじめて五年やね。後、あんたやらん？　しかし元気そうや」

「いや、この時間になって元気が湧いてきて」

「そうか～。ほんと兄ちゃん、この宿の後やってや」

「ははは、五年ほど考えてみます」

「おれは五年ももたへんで」

冗談半分ではあるかもしれないけれど、高齢化が進む各地の遍路宿で、跡継ぎとして「スカウト」されたという話は、お遍路さんから何度か聞いた。宿は、定休日がほとんどなく、朝は早いし、夜が遅くなることもあるだろうから、楽な仕事ではないだろう。しかしこの遍路宿文化はなんとか後世に残ってほしい。問題は、「宿をやりたい人」に遍路好きが多いので、その人が遍路に行けなくなることだ、と誰かが笑っていた。

このあたりは、遍路の名物宿が多いようで「カメリア」の後も、海辺の道に満室だった「いさりび」「久百々《くもも》」と個性豊かな民宿が続く。十六時半頃、「民宿大岐の浜」（二食付六千八百円）に到着した。元々自動車教習所の合宿所だったようで、馬が合うというのか、シンプルだけど不思議に居心地がいい。部屋の鍵には遍路宿らしく十善戒の「不妄語」と書かれた木の札が付いていた。カツオの刺身や小鉢の家庭料理も美味しく、鯛の炊きこみご飯は大鉢に盛ってあるものを好きなだけついでいく。食堂では、切り盛りしている女性主人オリジナルのドレッシングを販売していた。この宿の雰囲気がいいのは、どうやらこの人の発しているテキパキとした快活さからだ。夕食時にダンス講師だという女性お遍路さんから、「あなた本職でしょう?」と聞かれた。

「本職ってなんですか?」

「お坊さんでしょ?」

「そうです」

「なんとなくそう思ったの」

この宿にはお遍路さんが何人も泊まっていた。

「本当はこの宿の後、足摺《あしずり》で泊まる予定でしたが、他のお遍路さんのアドバイスで、往復四十キロぐらいを一日で行って帰ってきました。でも疲れた!」

この先の足摺岬にある三十八番・金剛福寺《こんごうふくじ》の後は、ルートにもよるが「打戻《うちもどり》」といって来た道を戻る人も多いので、この大岐の浜で連泊する人もいる。しかし僕は、金剛福寺を今回の打ち止めにすることもあり、ゆっくりと寺で拝みたいので、早く着きそうだけど足摺岬で泊まることにした。

足摺岬、補陀洛のような寺

今日は移動距離も短く、急ぐ必要はない。朝食を食べながら女将さんとしばらく話す。

「お坊さんがお遍路をしていると、両方の立場が見えてくるでしょう？」

「ああ、そうですね。そういえば知り合いで、遍路宿をしたいという若い女性がいるんですよ」

「私、その人と話したいな」

ダンス講師の女性からは、リュックを背負う際の姿勢についてレクチャーを受ける。

「バストトップとデコルテを四十五度に上げるの」

「デコルテってどこですか？」

「ここよ。そう、顎は上を向かず引いてね。そして肩を回して落とす！」

とても印象的だった宿を発ち、歩き始めると「大岐の浜」という綺麗なビーチが見えてきて宿の名前の由来を知った。朝から何人かサーフィンをしている。歩き続けると海岸沿いの道ではなく文字通りの海岸に出て、道を間違ったかと不安になるが、しばらくそのまま砂浜を歩くとお地蔵さんや赤文字の遍路案内があり、どうやら道は間違えていないようだ。足下をみると子供の頃、店で買ったような綺麗な貝殻がたくさん落ちていて、しばらくリュックを降ろして貝殻をひろった。こういう時間も、余裕がある日ならではだ。

ランチは、山の道に忽然と現れたカフェでホットサンドとコーヒー。このカフェを営んでいる女性のご主人が定年退職を機に両親のいる地に戻り、みかん農園を引き継いだとのことだった。十五時には四国最南端、八十メートルの海食崖がそびえる足摺岬に到着した。

足摺岬を見下ろす丘の中腹にある三十八番札所・金剛福寺は、弘法大師が嵯峨天皇の勅願により創建し、立地から想像するよりもずっと広く十二万平方メートルの境内を誇る。空と雲が映る池の前に立ち、多宝塔、護摩堂、愛染《あいぜん》堂の諸堂を見渡すと、まさに観音菩薩の楽園、「補陀洛」を思わせるような霊場である。境内をじっくりお参りしていると、「為日露両軍戦死病没者追福」と書かれた大きな五輪塔が目に付き、やはり仏教だとこのように両軍を供養するのが本来だろうと考えながら、手を合わせた。

納経所で、団体お遍路さんを連れた先達さんから話しかけられた。

「歩き遍路さんですよね。今日はどちらへお泊まりですか」

「ちょっと奮発して『足摺国際ホテル』に」

「それはリッチや。あそこは温泉がいいですよ。十回以上はお客さんをお連れしまし

高知県土佐清水市にある三十八番札所・金剛福寺

た」

足摺岬に泊まると決めて周辺の民宿にいくつも電話したが、すべて満室で、お寺の宿坊も偶然休みの日ということもあり、ひとりの歩き遍路の僕には贅沢とは思ったけれど、二食付一万四千四百五十円のホテルに泊まることにしていた。寺を後にすると、もう夕方になり、太陽が沈む大海原をしばらく眺める。

浜風で冷えたのか、急にぐーっと腹が痛くなってきたが、チェックインした後、部屋で休んでいると、どうやら深刻ではないようで、すぐに回復した。今までの宿ではできる限り安いプランを選んでいたので、部屋からは海が見えないこともあったが、今日は部屋からもよく見える。せっかくなのでゆったり最後の夜を堪能しよう。

「歩けるものだなあ」

朝、起きて光がわずかに射してきたうす暗い海を見ようと部屋の電気をつけると、まったく海はみえなくなる。しかし、思いついてまた電気を消すと、眼前に大海原がひろがった。仏教にもそういう側面があるようだ。「見るため」に人為で必死に照らしている電気のようなものを、パチンと消すことで見えてくるものがある。

今日は栄福寺に戻る。足摺岬のバスセンターから九時前のバスに乗って、中村駅に向かう。しばらくして乗り込んできたおじいさんに、「今日は雨模様ですね。このあたりは海と山に挟まれているから風が回るんです」と話しかけられた。診療所前のバス停で、たくさんの人がバスに乗り込み、その中の白い杖を持った盲目の人が、段差を通らなくていいように、前に座っているおばさんが、急いで席を譲る。

「四魔《しま》現前《げんぜん》すれば、則ち大慈三摩地《だいじさんまじ》に入り、四魔等を恐怖し降伏《ごうぶく》す」

——観法の最中に四魔を始め様々な魔物が出現すれば、大慈三摩地の瑜伽に入り、魔物を恐怖させ降服させる。（弘法大師空海『吽字義』）

大自然に分け入って瞑想の日々を過ごしていると、「大きなこと」にのみ焦点が合うような感覚になりがちだけど、「魔」を払うのは、瞑想の境地ばかりでなく、生活の中のちょっとした慈悲の心でもあることも、心に留めたいと思う。そしてそれは、しっかりと「大きな慈悲」に繋がっているのだ。「慈悲は魔を恐怖させ降服させる」という空海の表現も面白い。

「且《しばら》く大日経及び金剛頂経に明かすところ、皆この菩提を因とし、大悲を根とし、方便を究竟となすの三句に過ぎず」

——端的にいえば、『大日経』『金剛頂経』の両部の大経が解き明かす教説を要約すれば、どれもがこの〈菩薩たる人は、覚りそのもの〈菩提心〉を因となし、仏の絶対的な慈悲の心〈大悲〉を根本となし、救済の活動〈方便〉を究極の目標となす〉という三句の法門に尽きる。（弘法大師空海『吽字義』）

真言密教の根本経典においても、人が本来持っている〝覚りそのもの〟を根源的な原因として、具体的な活動を最終的な目標としながら、仏の絶対的な「慈悲」を根本に据えている。

中村駅から高知駅、多度津駅で乗り換えて、十六時四十四分、今治駅に帰ってきた。今回の遍路は、なんとなく宿でテレビを観るのを止めてみたのも、よかった気がする（ラジオは聴くことがあった）。股ずれ対策で購入した、アウトドア用のピタッとした下着も効果てきめん。このシリーズで出発した地点とたどり着いた地点をグーグルマップで繋いでみながら、「ずいぶん歩いたものだなあ。歩けるものだなあ」とやはりどこかうれしい気分だった。

そして、「わからないこと」を、わからないまま積み重ねた日々を思い返した。

第五章　愛媛に歩いて帰ってきた

・二〇二〇年一月二十六日〜二月四日
・三十九番延光寺→四十三番明石寺

【2020年1月26日～2月4日】

初日から暴風波浪警報

今回の遍路は、二〇一九年十二月に著書の仕上げ作業をしていたこともあり翌年の一月からになった。僕にとっては初めての「冬の遍路」である。今治を朝の七時前に出ても、電車とバスを乗り継いで足摺岬に着いたのは、十五時を過ぎていた。同じ四国でもやはり遠い。冬ということもあり、小さくたためるダウンジャケットと、今までは雨の日にリュックがどうしても濡れていたので、すぽっと被せられるレインポンチョを装備に追加した。

前回満室だった足摺岬バスセンター近くの「民宿足摺はっと」（二食付七千三百円）に入る。この宿は、お遍路さんだけでなく釣り人も多く泊まるようで、今日の泊まりは、僕と名古屋から来た釣り人。夕食ではカツオのタタキや酢豚の通常メニューに加えて、その人が今日釣ってきたグレ、サンノジ（ニザダイ）の大きな姿造りを僕にも振る舞ってくださって、二人で宿の夫婦と話しながら食べた。

「いい道具を買うと、使いたくてこんな所まで来ちゃうんですよね。お参りってずっと歩くんですか？」

宿の主人からは、このあたりで自殺しようとした人を何度も救出したという話を聞き、僕にとっては、ただただ「雄大で美しい自然」であったけれど、以前にタクシーの運転手さんが、「太平洋を見ていると、引き込まれそうになって、ゾッとする時がある」と話していたのを思い出した。

朝五時に起床して、布団の上で体操や瞑想をする。今日は雨だ。朝食を食べ、荷物の浸水対策も終えていたが、気象情報を携帯電話やテレビでみていると、暴風波浪警報が出て、ニュースも太平洋側の低気圧関連のものが多い。

だいぶ迷ったが、海辺を歩く日でもあり、安全を考えて今日は遍路を中止し宿に連泊をお願いすることにした（連泊だったからか食事の違いなのか、支払いは二食付七千円）。宿のおばあさんも「わかった。昼のごはんは、ここから五十メートルばあ（ぐらい）のスーパーでみんな買いよるわ」と快諾してくださり、二日分予約していた今日からの宿も、一日繰り越しに気持ちよく応じてくださった。

今日は、部屋で持ってきた本を読んだり、せっかくなので、これからの栄福寺のことなども紙に書きながら、じっくり考えてみることにする。そういえば遍路の中で、こういう一日もあればいいなと思っていたのだ（できれば疲れた時がよかったけれど）。部屋までおばあさんが、芋の入った焼き餅と団子入りの汁粉を持ってきてくれた。

部屋から見る雨は、みるみる横なぐりの豪雨になってきた。昼食は教えてもらったスーパーが閉まっていたので、近くにある前回泊まったホテルの売店まで行き、カップヌードルと野菜ジュース、おやつにショウガのお菓子を買った。

夕食はシカゴからお遍路にきた同世代のアメリカ人女性とテーブルを共にする。彼女は、歩きにバスを交えながら巡拝をしているとのことだった。宿の主人は話し好きで、「兄ちゃん、〝トランプ大統領が好きか？〟って英語で聞いてみて」と次々に質問を繰り出す。

ついに「カメリア」に泊まる

朝起きると幸い気持ちよく晴れていた。一月なのに高知の予想最高気温は、十八度だ。シカゴからのお遍路さんは、バスで宿毛まで行き、またバスで宇和島まで行くというような話をしている。僕もここまで来るのに宇和島まで電車で行って、そこからバスを乗り継いでくれれば、もっと早く来ることができたのかもしれない。

どの道を選ぶか迷っていた今日の道順は、半島をぐるっと周り、土佐清水中心街の国道を右折して、前回泊まった「大岐の浜」方面に打ち戻していくというルートを通ることにした。昨日の暴風雨で落ちた葉や木を掃除している人が路上には多い。集落から海を望む朝の景色は前回通ったルートとは、また違った趣で「はじめての道を通ってよかったなぁ」と思う。

歩くのを休んで、コンビニのおにぎりを外で食べているとやはり体が冷えてくる。風はまだ強く菅笠が飛ばされそうなので、ニットキャップを被り、菅笠はリュックにくくりつけることにした。

十五時頃に今日の宿、前回通りかかって主人と話した「ロッジ・カメリア」(三千円。夕食のカレーと朝のパンはお接待)に着く。三千円とは思えない部屋で、デスクもあるのが、ノートを書く時にありがたい。

夕食を食べ終えて、主人と部屋で三十分ほど話した。

「あるお寺さんで、毎週掃除をさせてもらっていたんやわ。そこで張り紙があって、遍路を知ってね。それで自分も遍路をはじめて、七十でも元気」

「なんで三千円なんですか?」

「それで儲けようという気はないからね。お参りして欲しいから、お手伝いしたいちゅうか。三千円もらってちょうどトントン。いや赤字やな。バス乗ってもええねん。はよ着いたら銭湯行ったりね。一回じゃわからんと思う。二回、三回とまわってみてな」

どうしても価格が安いということで歩き遍路さんの間で話題になりやすい宿ではあるけれど、値段だけでは説明できない何かが、このカメリアには流れている気がした。

はじめて山中に迷う

出発した七時前の空は、他の季節と違ってまだうす暗かった。昨日、コロナウイルスの日本人初の国内感染が確認されたとニュースが報じる。コンビニで昼食のおにぎり弁当と一緒に、感染対策として消毒用のアルコールジェルとウェットティッシュ、そして塩分補給のために、最近気に入っている梅干しを買った。

これから三十九番札所・延光寺《えんこうじ》への道は、ほぼ同じ距離の「三原経由」と「眞念庵経由」があることを、石碑が示している。宿では、昼ご飯の買える三原村経由を勧めているとのことだったが、前回トンネルを使ってお参りできなかった眞念庵をお参りできる絶好の機会なので、眞念庵ルートをとることにした。江戸のベストセラーを残した眞念さんにはやはりご挨拶しておきたい。

しかし、少し消えかかった案内に従って入った山中で迷ってしまう。グーグルマップで現在位置を確認すると、明らかにルートを外れているようだ。今まで小さな間違いはあったが、ここまで大きく道を逸れたのは初めての経験。動揺したのか写真に撮っていた遍路道の入口をＳＮＳにあげて、ネット上のベテランお遍路さんのアドバイスを請う。しかし自分が寺を留守にしていることが分かると防犯上よくないし、なんとなく遍路にもそぐわないと思い十五分ほどで削除した。

とりあえず来た道を急いで戻っていると、山の小石につまずいて転ぶ。それからまたすぐに転倒して、今度は軽く足をひねった。「おちつけ！」と自分に向かってどなる。結局、一時間ほど戻ると山中の分かれ道で、「あしずり↕眞念庵」と書かれた案内を見逃して別の方向へ行っていたことに気づいた。今まであまり道に迷わなかったのが、方向音痴の自分にとってはむしろ奇跡なのだ。まずは落ち着こう。

たどり着いた眞念庵でお勤めを済ませる。山をおりて、田舎の細い農道の脇に腰を下ろして弁当を食べていると、トヨタのヴィッツが停まり、中から法衣を着たお坊さんが降りてきた。「あれ、東野さん？」お付き合いのある少し年上の僧侶が、偶然ＳＮＳの書き込みをみて、激励に会いに来てくださったのだった。

この近くで兼務寺の法事があったとのこと。

「ふふふ、このあたりかと思って。山に入ったら会えんけど」

「うれしいです」

「いい時間を過ごしていると思うよ。こうやって外を見ないと、自分の周りしか見えなくなるから」

高知県土佐清水市の眞念庵の近くで先輩の僧侶とバッタリ

「内外《ないげ》の風気、纔《わず》かに発すれば、必ず響くを名づけて声《こえ》というなり。響《ひびき》は必ず声に由る。声はすなわち響の本《もと》なり」

――口内より出る気息、口外から入る気息がわずかでも動けば、必ず響きがあるが、それを名づけて〈声〉という。響きは必ず声による。声は響きの根本である。

（弘法大師空海『声字実相義《しょうじじっそうぎ》』）

空海の用いる声や響きという言葉は、僕たちが日常使う意味よりも、かなり根源的な意味をもっている。しかしこの四国の巡礼の途中、自然の中で交わし合う何気ない声と声が響き合っているような感覚になることがあった。しばらく話をしてお菓子などのお接待をいただき、合掌して手を振り別れた。

歩き続けて愛媛に戻ってくる

迷ったことで予定よりも遅くなったけれど、宿毛市の平田駅のある街まで下りてきて、すぐ近くの**三十九番札所・延光寺**に着いた。この寺で、長旅だった高知も最後の寺である。延喜十一年（九一一）、竜宮に住んでいた赤亀が、梵鐘を背負ってきたという伝説がある。「赤亀山《しゃっきざん》」という山号はそこから来ていて、もとは行基が開基したと伝わり、弘法大師が再興した。境内には、空海の伝説が残る「目洗い井戸」があるので、僕も水を手に取り目に当ててみた。夕方になると境内はさらに冷えてくる。

納経所で明日通る道のことを少し聞き、寺からすぐの「民宿嶋屋」（二食付六千六百円）に入った。外観は一般的な住宅のようで、まさに民宿という雰囲気。宿の主人と話すと、親がはじめた宿を引き継いだとのことだった。いつものように足にクリームを塗ってマッサージして瞑想、今日の寺の本尊真言を唱える。

　翌朝、宿を発ち歩いて行くと、宿毛市街で松尾峠と一本松ずい道へ抜けていく舗装路との分かれ道があるが、昨日、峠で迷ったことがまだ心に残っており、舗装路を行くことにする。

　篠川にかかる新篠川橋を渡ると、ついに自分の住んでいる愛媛県（愛南町）に入り、小さくガッツポーズ。徳島、高知を歩ききって愛媛に帰ってきたのだ。ここまで「歩き通せた」ことが想像していたよりも、ずっとうれしい。長く歩いてきたことを示すように、持っている金剛杖は幾分短くなって先端は横に広がっている。また山に入ると柔らかい光が木々の葉を照らし出し、その景色はいまだに飽きることがなく美しい。これが僕の住んでいる場所なのだ。

　夕方になり愛媛最初のお寺、**四十番札所・観自在寺**《かんじざいじ》の山門をくぐる。寺の周りには宿が点在し、警察署や学校、郵便局などもあり、地域の中心のような場所だ。縁起によると、弘法大師が大同二年（八〇七）、平城《へいぜい》天皇（在位八〇六～八〇九）の命でこの地を訪れ、霊木から本尊の薬師如来、脇侍の阿弥陀如来と十一面観音菩薩を彫り、安置したと伝わる。いつ訪れても境内が綺麗に掃き清められている印象があり、今日も僧侶が黙々と掃除をされていた。

この寺では、日本画を大学院で学び創作をする若い副住職さんと再会した。納経をしてくださったのも彼だったので、僧侶をしながらの芸術活動や環境の工夫について、しばらく気楽に話した。

「難しさもあるけれど、仏教とか坊さんの世界に芸術的なものが混じり合った時、すごく面白いと思うよ」

そんな言葉を彼にかける。ご住職、奥様も出てきてくださり、皆さんからお饅頭等のお接待をいただく。

門前すぐの「山代屋旅館」(二食付七千三百円)へ。木造でこぢんまりとした標準的な遍路宿で、宿の人たちの雰囲気が優しい。夕食に並ぶ、鯛の刺身や鯛を甘く煮てそうめんを添えた「鯛そうめん」の味に勢いがあり、「愛媛に帰ってきたのだ」とあらためて感じる。就寝前にすこし鼻水が出た。いつもならなんでもないことなのに、コロナの報道がずっと流れていたためか、なんとなく心配になってしまう。翌日にはなんともなかったが、生活が変わってきたことを感じ始めた頃でもあった。

六塵悉く文字なり

朝、テレビでコロナウイルスの感染状況を見ると、着実に広がってきている。遍路中のテレビ断ちの習慣も、すっかりペースを失ってしまった。今日の移動距離は、三十キロ弱の予定だ。

前回歩いている途中、小便に行きたくなることが多く、今回はコーヒーと緑茶をやめていたが、それでも冷えるとトイレが近くなることが多い。ここ数日は山の景色が多かったが、歩いていると高台からパッと海が広がる。その風景は、高知の荒々しい太平洋とは一変してあくまでおだやかだ。

「五大《ごだい》に皆響《ひびき》あり　十界《じっかい》に言語《ごんご》を具す　六塵《ろくじん》悉く文字《もんじ》なり　法身はこれ実相なり」

――地・水・火・風・空の五大はすべて仏の声や響きを具え持つ。十界のいたるところに仏の言葉が潜む。存在するものすべてそのまま仏の文字であり、仏の御身は真理そのものに他ならない。（弘法大師空海『声字実相義』）

青く光る海を前にして空海の言葉をリアルに感じる。今日は、山にある未舗装の遍路道を進むことにする。倒木をまたいで越そうとした時に、足がひっかかり前にダイブしてまた転ぶ。ゴアテックスの肘部分が、破れてしまった。この道には、柳水《やなぎみず》、大師水《だいしすい》といった弘法大師と水の伝説が残る場所が続いていく。

昼過ぎに、山から由良《ゆら》半島の由良岬を見渡せる絶景の場所にたどり着いた。複雑に入り組んだリアス海岸が、同じ愛媛でも自分の住んでいる地域とは、まったく違い、今まで観たことのなかった壮大な風景に心が躍る。

獅子文六の部屋

夕方、昔ながらの旧家と増築した建物が並ぶ宇和島市津島町「大畑旅館」に着いた（二食付七千百五十円）。泊まることになる古い建物からは、すぐ前の岩松川が綺麗に一望できる。歴史ある建造物の雰囲気とも相まって、旅情のある宿だ。

そして、ここに約二年（昭和二十〜二十二年）滞在していた作家の獅子文六《ししぶんろく》が、小説『てんやわんや』を書いた宿でもあった。帰ってから『てんやわんや』（新潮文庫版、昭和二十六年刊）を古書で入手すると三十九刷だった。ちなみにＮＨＫ連続テレビ小説第

「大畑旅館」の夕食

一作の『娘と私』は、獅子文六原作のもので、かなりの人気作家だったようだ。

「ここで作家が小説を書いたんですね。川が見える部屋で書いたんですか？」

「いえいえ、白川さんが泊まっておられる部屋で書いたらしいですよ。お部屋に〝この部屋で原稿書きました〞という意味の色紙が飾ってあります。その作家、ご存じでしたか？知らなかったでしょう」

「はい、知りませんでした。読んでみます」

宿の夕食は、宇和海の名産である牡蠣、刺身や煮魚が並んでやはりすごく美味しい。

「明日、仕事でお泊まりの人たちの朝食が六時なので、六時でも大丈夫ですか？」

歩き遍路にとって朝食は、早ければ早いほ

ど有難いので、むしろラッキーだった。新刊の最後の訂正確認を、部屋から携帯電話で編集者に返信する。この旅館で最後の作業を終えたことも、不思議な縁だった。

宇和島に入る

野菜のゴマ和えや、味噌汁がシンプルに美味しい宿の朝食を食べる。他の四人は工事現場の作業員のようで、すでに作業服に着替え黙々と食事をしていた。部屋に戻り、獅子文六の色紙を前にして正座し、部屋を使わせていただいた感謝と自分もこれからの人生でいい本が書けるように祈願して、般若心経と真言を唱えた。

外に出ると息が白いので、ダウンジャケットをはおる。峠道を越えると真新しく大きな環境センター（ゴミ焼却場）に出て、また山道に入った。立て看板によると伊予と土佐を結ぶこの宿毛街道には、今通っている「灘《なだ》道」、宇和島藩の官道「中道」、東寄りの「篠山《ささやま》道」の三つがあって、昔の遍路もいずれかを通ったとのことだった。

宇和島市街に入ってコンビニに立ち寄ると、マスクの棚は綺麗に空《から》で、なんだか唐突な光景である。ラーメンを食べて、歩く宇和島は想像していたよりも都会で、独自文化の雰囲気を感じる。

商店街で進む道を思案しているとおばあさん二人から、「こっち、こっち。そっち行くと逆戻りよ。時々、おるんよ」と明るい声をかけてくれるのは、いつもの遍路の風景だが、そんな二人もマスクをしていて、コロナの脅威が街をおびやかし始めているのがわかる。オレンジ色のダイハツのコペンに乗った男性は、交差点の真ん中で車を停めて、「この裏の道を行くといいですよ」と教えてくれたが、さすがに危なっかしくて、気が気でなかった。

宇和島の名刹、龍光院にお参りさせていただき、亡くなってずいぶん経つ先代住職さんに供養の経をあげさせていただいた。門前では、数日後に迫っている節分祈禱の案内看板が出ていたので、準備の手を止めていただいては気の毒と思い、声はかけずにそのまま進むことにする。

市街を少し離れ、宇和島市三間町の「民宿みま」（素泊まり四千円）に着いた。大きな農家住宅のような建物で、広い敷地が塀に囲まれている。今の時期は食事をやっていなかったけれど、近くにコンビニがあり不自由はない。宿で風呂に入り、休んでいると十七時前に泊まりのお遍路さんがもう一人到着した。

「私は、三回目の歩き遍路で初めての逆打ち。車でも三回参ったよ。兵庫の家から、四国まで来るのも歩いてくるの。フェリーは使うけどね。高野山には、徳島から船に乗って和歌山港から三日歩いて行くつもり。高野山からは、四日歩いて帰るよ。坂東、秩父、西国と巡礼は全部歩いて廻った。でも四国と違って、ほとんど歩いている人とは会わなかったね」

〝歩く巡礼〟に、どっぷりはまっている人だった。夕食は、ローソンのミートソーススパゲティ（大盛り）とサラダ。ご馳走が続いたので、こういう夕食も楽しい。

友人の住職に再会

五時に起床する。出発の準備をして、宿から二キロ弱の**四十一番札所・龍光寺《りゅうこうじ》**へ向かう。中学生が自転車で駆け抜けていく道を眺め、朝を歩くのはやはり爽やかな気分だ。歩きながら、あらためて寺では時間を気にせず、じっくり過ごして真剣に拝みたいと心に反芻する。

龍光寺に近づくと門前集落の参道に石の鳥居があり、山の中腹にある寺の方には赤い鳥居も見えてくる。それが示すように神仏習合の寺で、弘法大師がこの地に立ち寄った際、白髪の老人に姿を変えた〝五穀大明神〟と出会い、本地仏の十一面観音菩薩などを安置したと伝わる。今までよりもできる限り至心で、また無心で手を合わせるように心がけた。

ここから約三キロの四十二番札所・仏木寺《ぶつもくじ》に向かう。この寺のご住職は、昨日お参りした龍光院・先代住職の息子さんで、僕よりも先輩ではあるものの、二十代の頃から親しくお付き合いさせていただいている。歩きながら、自分が寺に入って以来、ご住職にずいぶん助けられてきたことや、仏木寺の晋山式《しんざんしき》（寺の住職が新しくなったことを記念する行事）では、司会をさせてもらったことなどを、なつかしく思い出していた。

仏木寺は、弘法大師がこの地で牛を連れた老人に出会い、牛の背に乗って共に進むと、楠の木に大師が唐から投げた宝珠がかかっていたという縁起が残る。その楠で空海は大日如来を彫り、眉間に宝珠を入れて堂宇に納め、霊場とした。境内の「家畜堂」には、今でも牛や馬、猫の置物などが奉納されている。この寺のシンボルのひとつでもある茅葺きの鐘楼堂がなつかしい風景を醸し出す。

ご住職と親しいとはいえ特に連絡はしていなかったが、お参りを終えると境内で法衣をつけた住職・明慧《みようけい》師に偶然出会い、挨拶をすることができた。今から依頼された御祈禱を拝むとのこと。「じゃあ密成君も今から一緒に拝もうか？」という言葉に共に笑い合っていると、お施主さんが到着し、境内に明慧師の読経の声と太鼓の音が響きはじめた。その中で、僕は祈願を書き込めるローソクに「仏木寺伽藍安穏」と書き、手を合わせて祈願と感謝を込め、お布施を納めて寺を後にした。

平安仏の冷たさ

続く遍路道は一部が崩落しているので、迂回路を案内する掲示がいくつかあった。その迂回路を歩いていると、下り坂で足の甲が強く痛み始める。道に腰かけて痛い所を細かく点検すると、どうやら左足の親指の付け根、右足はくるぶしから痛みが出ているようだった。右足は昔骨折した古傷だ。

再び歩き始めても、やはり今までになく痛い。一日中歩くと、楽しいばかりでなく、身体的にも精神的にも「自分の弱い部分」が、あらためて顔を出す。そういう苦しい状況の中で、頭の中を駆け巡るのは、今まで生きてきた人生の反省めいたことや、なぜか中島みゆきの名曲『悪女』だった。

ずいぶんスローダウンしてしまったけれど、仏木寺から十キロほどの西予《せいよ》市にある**四十三番札所・明石寺《めいせきじ》**になんとかたどり着いた。修験道と深い関わりのある歴史を持つ天

愛媛県西予市にある四十三番札所・明石寺

台宗の寺ということもあり、木々に囲まれた神秘的な雰囲気が滲み出る寺だ。この寺は古来の霊地に六世紀、円手院正澄《えんじゅいんしょうちょう》という行者が、唐からの渡来仏であった千手観音菩薩を祀るために伽藍を建立したのが起源とされ、弘法大師が『法華経《ほっけきょう》』を納め、再興した。

ご住職が納経をされている。「おー真面目に、お経あげてどうしたん?」と明るい笑顔で迎えてくださった。「平安の増長天を直したから、お遍路さんにみてもらうために、今、本堂に安置しているんだよ。あんまり誰も気づかんけどね」と本堂の内部まで招き入れてくださった。本堂には何体もの修復を終えた仏像が並んでいる。

「この頭の部分が直した部分で、触ると温かいけれど、古いところは乾いていて冷たい。やっぱりこれが千年ということなんやろうね」

「この内外の五大にことごとく声響《しょうきょう》を具す」

――内的な身心の五大〈地・水・火・風・空〉と外界の五大とに、すべて音声の響きがそなわっている。(弘法大師空海『声字実相義』)

はじめて触れた平安仏の冷たさ。その温度を感じていると、まるで「音」が聞こえてくるようだ。そしてすべての存在同士が応じ合う、ひとつの結晶として人間は、「仏」なるものに、なにかを託しているように思えてくる。

痛みの中で出会った温泉

明石寺を出発し、古い町並みを残した卯之町《うのまち》では、僕もよくお土産にする山田屋まんじゅうの宇和本店があった。ここもまた来てみたい街である。今日の宿は、「宇和パークホテル」(二食付七千四百円)というマンションに似た感じのわりに大きなホテル。自動車免許合宿の若い人たちも泊まっていた。

いつもよりゆっくり寝てホテルの朝食を食べる。まずは宇和川沿いに歩いて行く。やはり足が痛いので、「もう大洲《おおず》で帰ろうかな」という気持ちにもなるが、歩いて体が温まると少し痛みが和らいでいった。材木屋を越えると、安政二年の金比羅参りの常夜灯が田んぼの中に残っている。

山の未舗装路で、さらに痛みがましになってきた。土が柔らかいのと、路面が不規則なので体への負担が分散するのかもしれない。しかしアスファルトの道に戻ると、今まで以上の強さでまた痛みはじめる。ついに足を引きずるように歩くことになってしまった。人気のないバス停に座らせてもらい、しばらくマッサージをしてみる。強く押し込んでも大丈夫なので、深刻なダメージではないと判断し、そのまま歩き始めるが、やはり歩くと痛い。このあたりには鳥坂《とさか》番所跡が残っていて、かつては大洲藩への人や物資の往来を厳しく取り締まったとのことだが、遍路などの巡拝者は比較的ゆるく通行できたらしい。鳥坂峠を越えてゆく。

大洲市街に向かうと、大洲のシンボルのひとつである臥龍山荘《がりゅうさんそう》が、川辺の木々の間にポツンと見えてくる。車で行った経験のある景勝地でも、歩いてだんだん近づいていくと、また違った存在感になることも遍路で知ったことだ。

公衆トイレから出ると、「臥龍の湯」という日帰りの温泉施設があったので、思い切って温泉に入っていくことにした。歩き遍路中ということで遠慮もあったが、自動券売機に並んで料金を払おうとしていると呼び止められ、「お遍路さんは百円引きですよ」とのこと。お金のこと以上に「快く迎えてくれている」という気持ちがありがたい。足のこともあり、四十分二千円の整体マッサージも受ける。

「そのリュック背負って歩いているんですか。後で持たせてくださいね」

施術をしてくださった若い女性は、歩き遍路の荷物にずいぶん興味を持ったようで、実際にリュックを背負ってみることになった。

「おー思ったより軽い！　でもこれで歩くのは私には無理です。一体、なにが入ってるんですか？」

「服とか本とかですね……。本は重いよ」

「ははは」

再び出発すると、痛みはかなり減り、なにせ体が別人のように軽い。肱川《ひじかわ》を渡る橋からは、大洲城がよく見える。大洲は「伊予の小京都」と呼ばれる街だが、平成三十年に大雨による水害があり、今も川では大きな土木工事が続いていた。今日の宿は、「オオズプラザホテル」（軽朝食サービス付六千二百円）。想像していたよりも立派なホテルで、駐車場にはコインランドリーもある。

遍路は橋で杖を突かない

今日は今治に帰る日だ。遍路道を内子《うちこ》駅まで十キロほど歩いて帰る計画にした。天気は快晴だ。

七時半頃に弘法大師が一夜を明かした橋である霊跡「十夜ヶ橋《とよはし》」にお参りさせていただく。ここでも納経をいただいたが、書いてくださったのは旧知のご住職だった。この地を訪れた弘法大師は泊まる宿がなく、橋の下で野宿をしていると、苦しむ衆生を思い一夜が十夜にも感じられたことから、この橋は十夜ヶ橋と呼ばれるようになった。

遍路では、今でも「あらゆる橋の上では金剛杖は突かない」という暗黙のルールがあって、多くのお遍路さんがそれを守っている。それは、この橋での故事から、「四国の橋の下では大師がお休みになっているかもしれない」と信仰されているからだ。無数の橋の上で杖を突かないように持ち上げるたびに、ひとつ、またひとつと心に「大師」が積み重なっていく。今でもこの橋の下では、横たわる石の大師像に真新しい布団が掛けられていた。

内子駅に着いていて、九時四十一分の電車に乗り、松山を経由して今治には十時五十九分に着いた。やはり高知からよりも圧倒的に早く帰ることができる。今治に近づき、北条あたりの海をみていると、「ここもまた歩くのだなぁ」とうれしいような、同時にまた足が痛むかなと考えながらも、自然と笑顔になる。

駅まで迎えに来てくれた妻と、今から思うと晩年を迎えていた祖母のお見舞いに行き、遍路の土産話をしたり、写真を見てもらった。何十年も住職夫人として札所の寺を護り続けた祖母にとっても、孫の歩いた歩き遍路の風景は眩しいようであった。

第六章　「逆風」を歩く

・二〇二〇年十月十二日〜二十一日

・四十四番大宝寺→六十一番香園寺

瀬戸内海
しまなみ海道
延命寺 54
泰山寺 56
55 南光坊
今治駅
JR予讃線
栄福寺 57
仙遊寺 58
59 国分寺
浅海駅
シーパMAKOTO F
伊予北条駅
休暇村 G
瀬戸内東予
伊予小松駅
円明寺 53
横峰寺 60
香園寺 61
生木地蔵
太山寺 52
HOTEL AZ E
愛媛松山西店
51 石手寺
道後温泉
50 繁多寺
松山駅
日尾八幡神社
浄土寺 49
D たかのこのホテル
星ケ森
西林寺 48
湯の里小町温泉 H
しこくや
文殊院
47 八坂寺
伊予市駅
石鎚山
46 浄瑠璃寺
三坂峠
B いやしの宿
八丁坂
44 大宝寺
JR予讃線
松山自動車道
JR予讃線
やすらぎの宿 C
でんこ
45 岩屋寺
農祖峠
久万高原
A 大福旅館
愛媛県
内子駅
内子座
JR内子線
伊予大洲駅
高知県
0
10km
【2020年10月12日～21日】

人々はこういう時代に手を合わせてきた

前回、その足音が大きく聞こえはじめたコロナウイルスの影響は、その後、またたく間に世界と日本を包みこんだ。感染者と死亡者の数はみるみるふくれあがり、収まる気配のない時間は徒《いたずら》に過ぎていった。そして二〇二〇年春、緊急事態宣言の発出にともない、多くの四国遍路の寺と共に栄福寺でも三週間ほど納経所を閉めざるを得ないという、今まで記憶にも記録にもない対応を迫られることになった。

しかし僕の歩き遍路を結願したいという思いは途切れることはなく、感染者数が落ちついてきた時期を見計らって、二〇二〇年十月に八ヶ月ぶりの遍路に出ることにした。

住職として、少しずつ寺の行事を再開していると、むしろこのような苦しい時期にこそ人々は古くから神仏に手を合わせてきたのだと実感していた。それを一番実感したのは、毎年小さな薬師堂で地元の子供たちと人々の健康を祈願する行事で、みんなで声を合わせて薬師如来の真言を唱えている時だった。

出発の前日、宿を取ろうと何軒か電話してみるが、まだ休業中のところも多く三軒目で予約することができた。翌日、今治駅から前回歩いた内子駅まで電車で移動する。今日は宿まで約二十キロを歩く予定だ。

歩き始めて、すぐに大正時代の芝居小屋である内子座《うちこざ》（重要文化財）を通りかかったので、見学することにした。想像以上に素晴らしい木造空間で、十一月にここで行われる予定の立川志の輔さんの独演会に行きたくなった。何より遍路を再開できたことがうれしく、歩きながら、久しぶりに爽やかな気分になる。

古い町並みが残された地区を越え、綺麗な小田川沿いを晴れた空の下歩く。だんだん山の緑が多くなってきた。「移動が制限される」という生まれて初めての経験の中で、巡礼というものが、「動く宗教行為」であることを痛感した。そしてこの「歩いて移動する」ということが、人間の本質にかなり近いところにあることを、今まで以上に鮮明に感じていた。僕たち人間は、何万年もの間、今とは比べものにならないほど「歩き」、「祈り」、「移動」してきただろう。身心に刻み込まれているその記憶が、歩き遍路によって呼び戻されるような感覚がある。

作家・大江健三郎さんの出身地としても知られる大瀬のあたりを歩いていると、「お遍路無料宿」の戸は閉められ、多くの遍路に宿をお接待してきた千人宿大師堂にも、

愛媛県内子町にある「大福旅館」

「当分の間、宿泊できません」の張り紙が出ていた（当然の対応だと思う）。それでも遍路道の無数の石仏が、巡拝の背中を押してくれる。

十六時前に、今日の宿「大福旅館」（二食付七千七百円）に着いた。年季の入った趣深い外観の宿で、木造宿の隣に「料亭大福」を併設している。宿の入口で検温、消毒を済ませて、部屋で荷物を整理していると、ひとつの大きな事実に気づく。着替え用のパンツ（下着）をすべて忘れてきたのだ。このままでは、これからの宿で洗濯と乾燥する間、ノーパンになってしまう。

「このあたりに下着を買える店はありませんか？」

「ここをまっすぐ行って、曲がって……遠いよ。よかったら車で連れて行ってあげましょうか？」

ご迷惑を掛けて申し訳なかったが、親切な女将さんに連れられて、集落にある小さな衣料品店で、ＢＶＤのトランクスを購入した。たぶん僕にとって、忘れがたい「思い出のパンツ」になるだろう。夕食には鮎が出て美味しくいただき、うす暗くなった宿の周辺をしばらく散歩する。山あいの宿の灯りが、淋しげでありながら安心感もあり、遍路の好きな時間だ。日記メモを書き、いつものように柔軟体操と瞑想をして、明日お参りする大宝寺《だいほうじ》の本尊真言を唱え、眠ることにした。

心ここにあらず

宿に別れを告げ、また歩き始める。近所の人が家の前に、何匹も魚を並べて炭火で焼いている。同じ敷地に建つ小田小学校・小田中学校の校舎は、林業の盛んなこのあたりの木材を用いていて、落ちついた雰囲気だ。

今日向かう大宝寺は、標高五百六十メートルを超える場所に位置する寺で、そこへ至るまでは峠越え。畑峠《はたのとう》遍路道と新真弓トンネルを通る農祖峠《のうそのとう》のルートがあるが、トンネル道を行くことにした。このあたりは四国の中では雪の多い地域で、冬期、畑峠は通行不能になる場合があると、分かれ道の案内に注意書きがある。

標高六百五十一メートルの農祖峠は、草が生い茂っている所もあり、少し道を間違えることもあったが、なんとか進んでいく。集落まで下りてきて、久万小学校を通り過ぎ、総門を越えて、**四十四番札所・大宝寺**へ登って行く。

大宝寺は、深山独特の霊気を持つ広大な伽藍の寺で、木々に包まれた諸堂の様子が美しく、好きな寺のひとつだ。大和朝廷の時代に、百済から来朝した聖僧が携えてきた十一面観音菩薩を山中に安置したのがはじまりと伝わる。その後、弘法大師が密教を修法し霊場となった。保元年間（一一五六〜五九）には、後白河天皇の病気平癒を祈願し成就した。

本堂で心を込めて拝もうとするが、なにか心ここにあらず。大師堂の前の椅子で座り、しばらく気分を静めるために瞑想をさせていただいた。

「実我に謬著《みょうじゃく》し、酔心、封執《ふうしゅう》す」

——世のつねの人は自分の体を本物の自我であると思いあやまって、それに執《とら》われ、本心を失い、かたくなに執着する。（弘法大師空海『秘蔵宝鑰《ひぞうほうやく》』）

空海の描く凡夫の姿は、まさに自分の姿だ。

寺には、十四時に到着して一時間以上滞在した。夕方、到着した宿「いやしの宿 八丁坂」は、七千八百四円（二食付）だが、政府の旅行支援策「GoToトラベル」が適用されて、二千六百十八円引きの五千百八十六円になる（以降、最後の第八章まで「GoToトラベル」適用期間だったため、比較的大きな宿を中心に割引のあった宿も多いが、現地で実際に支払った金額のみを表記する）。

夕食は、宿が農園を保有しているらしく野菜が美味しくて、ていねいな料理が、うれしい。部屋で、明日の宿を予約しようとするが、やはり休業しているところがある。今回はとにかく体調に気をつけて、無理をせずゆっくり廻ろう。

霧の日は晴れる

翌朝、「どう岩屋寺《いわやじ》まで登ろうかな」と思案していると、「寺に登る途中、右に曲がるのがこの宿の名の由来、八丁坂です。きついけど、多くの人がそこを通りますよ」と昨日風呂で会った千葉からのお遍路さんが、教えてくれた。

宿には無料のコインロッカーがあって、次の岩屋寺をお参りした後、もう一度宿の前を通るので、それまで荷物を預けることができる。せっかくなので不要な物を預けると、別世界と思えるほどリュックが軽い。

「今日は雨ですかね」

「霧がたくさん出た日は、晴れると思いますよ。今日は晴れます！」と女将さんが送り出してくれた。「山高き谷の朝霧海に似て松吹く風を波にたとえむ」――大師作と伝わるこの歌が、岩屋寺の山号「海岸山」の由来だと知ったのは、その後だった。

このあたりも木材の産地であり、木立から漏れ出る朝の光が、美しい。たしかに空は晴れてきたが、なぜか今日は、鳥の声が聞こえず、森の無音が無声映画のような不思議な雰囲気を醸し出している。まるで海の中のようだ。しんと静まった中で、心地よく自分の心に潜っていくような気分をおぼえる。


「奇哉の奇、絶中の絶なるは、それ只《ただ》自心の仏か」

――不思議中の不思議、すぐれた中にもすぐれたものは、ただ自らの心の仏であることよ。（弘法大師空海『秘蔵宝鑰』）

岩屋寺に近づくと、森の中に山岳修験者たちの古い行場がいくつもあって、寺だけでなくこの山全体が、聖地であることをひしひしと感じる。

山岳修行の場・岩屋寺

標高七百メートルを超える峯を越え、少し下ると山門が忽然と現れ、**四十五番札所・岩屋寺**に到着した。

弘法大師がこの地を訪れたのは、弘仁六年（八一五）とされている。その頃、この地では土佐の女性行者が岩窟に籠もり神通力を得て、法華仙人と称していた。仙人は訪れた大師に帰依し、全山を献上、空海は木と石でそれぞれ不動明王像を造立、木像を本尊としてお堂に、石仏は岩窟に封じ込め、護摩の修法を行った。時宗《じしゅう》の開祖・一遍《いっぺん》上人が、鎌倉中期この地で修行したことは、『一遍聖絵《ひじりえ》』にも描かれている。

岩山に堂宇が張り付いたようなこの寺の圧巻の景観は、四国遍路を代表する風景のひとつだろう。しかしここでも「至心に読経を」と思うのだが、どうしても意識がふわふ

愛媛県久万高原町にある四十五番札所・岩屋寺

わとするような感覚で、なんとなくお勤めが心もとない。コロナで、しばらく間が空いたことで、まだ身心がお参りに付いていっていないような感覚だ。

じっくり一時間以上お寺にいて、納経帳を取りだしていると、いつも心やすくお話ししてくださるご住職の隆善《りゅうぜん》師と遭遇した。

「よく十日も出られたね」

「どうやら住職がいない方が楽みたいです」

「それは絶対そうだと思うよ」と笑い合う。

納経をいただき、新しい建物を見学させていただいて山を下りていると、追いかけてきて「荷物を増やしてあげよう」と笑い、先代のお父様からだと言って、お饅頭やお菓子、甘酒をお接待してくださった。

歩みを進めながら、ただ転ばないように体に注意し、他にはあまり何も考えず足を動かすような感覚になってきて、なんとなく心が落ちつき始めた。いただいたドーナツが美味しい。十四時頃、再び宿の八丁坂に帰り、ロッカーから荷物を取る。

「やすらぎの宿　でんこ」（夕食付六千八百円。翌朝、出発が早いので朝食はつけなかった）に着いた。久万高原町の町立病院や役場、警察署が近くにある中心部に位置し、巡拝だけでなく、スポーツ合宿や仕事の人も泊まりそうな部屋数のある宿である。夕食会場は、感染対策のクリアボードで仕切られ、アマゴが出た。寝る前に、岩屋寺の納経帳を広げ、御影を置き、真言を唱えた。

朝夕と修行する姿をみれば

今日は、三ヶ寺お参りするので、早く出発する。標高七百二十メートルの三坂峠《みさかとうげ》は、明治二十七年に新道（国道三十三号）ができるまでは、松山と久万を結ぶ主要道であった。見晴らしのいい所からは、松山の街が一望できる。

峠を越えて、明治末期から大正初期に建てられた元遍路宿の坂本屋に着いた。昭和初期までは宿泊場であり、平成十六年に接待所として修復されている。ここで地元のおばあちゃんが座っていて、しばらく話した。

「私は嫁いできたのですが、このあたりの人はお遍路さんを大事にしますよ。昨日は、仕事を辞めてきたという北海道の若者と話しました。食事はずっとパンだけ、服もまだ半ズボンでした。私の子供たちは、ここは不便ということで、松山に住んでいます」

「うちも田舎なので娘たちは将来、出ていくでしょうね」

「でもお坊さん、朝夕と修行する姿をみたら、娘さんたちも感じるところがあるんじゃないでしょうか？」

弘法大師の霊跡でもある「網掛石《あみかけいし》」を越えて、明治十四年と二十三年に久万山や岩屋寺に遊び、三坂峠を登った正岡子規が残した句「旅人のうた登り行く若葉かな」の句碑を通り過ぎる。

すぐに丹波の里接待所があり、ここでは定期的に地元の人たちが、お接待をしてくださっているという。今日も五、六名のお年寄りが集まっていて、お茶、お菓子、コーヒーメーカーで入れたコーヒー、栗ご飯などをお遍路さんに振る舞っていた。

お接待をしながら、自分たちの井戸端会議や近況報告も楽しそうで、そこに「お遍路さん」という見ず知らずの他者が入り込むことを喜んでいる姿は、風通しがいい。

愛媛県松山市にある四十六番札所・浄瑠璃寺の大師像

標高百メートル以下までおりてきて、松山市最初の札所、**四十六番札所・浄瑠璃寺《じょうるりじ》**に着いた。大小の木が青々と茂っている伽藍は、独特の清々しい雰囲気がある。奈良時代、行基によって建立され、白檀《びゃくだん》の木で薬師如来を彫って本尊として安置した。その後、大同二年（八〇七）に空海が、この地で荒廃していた伽藍を修復し、四国霊場としたと伝わる。江戸時代の大火の後、僧・堯音《ぎょうおん》が復興した。

大師堂の前には、小さな可愛い大師像が抱っこできるようになっており、団体のお遍路さんで行列ができていた。

死の所去を悟らず

次の**四十七番札所・八坂寺《やさかじ》**までは、わずか一キロ弱で、すぐに到着する。八坂寺は、修験道の開祖・役小角《えんのおづぬ》開基と伝わり、文武《もんむ》天皇（在位六九七〜七〇七）の勅願で、伊予の国司、越智《おち》玉興《たまおき》が八つの坂を切り開いて諸堂を建立した。大師がこの地を再興して霊場とした後、紀州から熊野権現と十二社権現を勧請し、修験の道場として栄えた。

大師堂には大きな法螺《ほら》貝や各地からのお供えの米が並び、新しく勧進（建立のための寄進を募ること）している事業も修験道関連のものが目についた。納経所では、旧知のご住職が納経をされている。「おー、お遍路さん……。白川！」と笑顔で迎えてくださった。

「修験の再興に力を入れているんですね」

「そうなんよ。このあたりの信仰や熊野のことを考えても、やらないかんな、ということでね」

境内には、明治三十二年、現在の愛媛県東温市で生まれ、高野山真言宗の管長を務めた森寛紹《かんしょう》師（俳号・白象《はくしょう》。高浜虚子に師事していた）の句碑「お遍路の誰もが持てる不仕合《ふしあわせ》」がある。寛紹師は三男の遺骨を持って四国巡礼に出た。その「祈り」の深さを思う。

「我を生ずる父母《ぶも》も生の由来を知らず。生を受くる我が身もまた、死の所去《しょこ》を悟らず」

――自分を生んだ父母も生の起源を知らず、その生を受けた自分も、死の行方をさとらない。（弘法大師空海『秘蔵宝鑰』）

空海は、生死に苦しむ衆生の姿を、このように描いている。人は「わからない」からこそ祈り、この四国を歩き続ける。僕も今、そのひとりであり、かつて若き大師もそのひとりであった。

「どうしてお坊さんの格好をしていないんですか？」


お接待所やお寺でゆっくりとしていたら、昼を食べないまま十四時近くになっていた。八坂寺でお接待いただいたお菓子を、門前で頬張っていると、猫が寄ってくる。

このあたりで逆打ちの歩き遍路の女性に話しかけられた。

「この道であっていますか？　遍路道ですか」

わずかにたどたどしい日本語だ。

「中国からですか?」

「台湾です。高雄。南の方」

「どうして日本語が話せるんですか?」

「京都に住んでるから。お坊さんですか。どうしてお坊さんの格好していないんですか?　そのほうが格好いいのに」

「大事にされ過ぎるから。甘えてしまうので」

「そっかー」

文殊院、札始大師堂《ふだはじめだいしどう》を通り、重信川を越えると四十八番札所・西林寺《さいりんじ》がある。行基が勅願により建立し、本尊十一面観音をまつったと伝わる。その後、弘法大師が現在の地に移して四国霊場と定めた。大師は、旱魃《かんばつ》で苦しむ村人のために錫杖を突き、水を掘り当てたと言われる。

寺から街に入って行くと、人里に帰ってきた感があり、今日の朝に越えた山との落差が面白い。住宅が多くなったところに、温泉施設「たかのこの湯」が併設された「たかのこのホテル」(一食付九千九百三十二円)があった。まだ真新しさの残る大きなホテルで、元々「大師湯」という温泉のあった場所。掛け流しのお湯で疲れを癒したが、朝早く出発した疲れもあるのか、少しのぼせてしまい、しばらく部屋で横になって休んだ。

空也上人と三輪田米山

翌朝、ホテルを出発するとオレンジ色の伊予鉄郊外電車が走っている。線路を越えてしばらくして**四十九番札所・浄土寺《じょうどじ》**の山門をくぐる。縁起によると、女性天皇である孝《こう》謙《けん》天皇（在位七四九〜七五八）の勅願寺として、行基が釈迦如来を本尊としてまつり、開創された。のち弘法大師が伽藍を再興し、法相《ほっそう》宗から真言宗に改宗。空也《くうや》上人は、天徳年間（九五七〜九六一）の三年間、この寺に滞在し村人たちを教化した。今でも、浄土寺には六体の阿弥陀仏を口から吐く重要文化財の空也像が残っている。

浄土寺を出てすぐに、日尾《ひお》八幡神社の鳥居があり、注連石《しめいし》に彫られている「鳥舞」「魚躍」の文字や、神社名の彫られた石柱の文字が、凄味のある柔らかい字で、「もしかして三輪田米山《みわだべいざん》の字だろうか」と目を奪われる。三輪田米山は文政四年から明治四十一年に生きた神社神官であり、その迫力と自由に満ちた書風は、現代においてさらに人々を魅了し、書に疎い僕も米山の作品が大好きだった。

長い階段を上ってみると、途中に「三輪田米山・書石文配置図」という紙が置いてある。やはり字は米山のものだったのだ。本殿までのぼってお参りし、また下りていると最近の改修工事の石碑が目につき、宮司さんの名前が三輪田姓になっていた。近くにいた方に尋ねると、隣にいる方が宮司さんで、なんと米山の子孫とのこと。

米山はこの神社の長男として生まれ、ここで神官を務めた。あらためて「鳥舞」「魚躍」の字を眺めると、本当に鳥が舞い、魚が躍っているようで、円空仏のような感覚も受けとる。米山の作品に出会ったことで、力がみなぎってきた。

裸だと勝負にならない

浄土寺から五十番札所の繁多寺《はんたじ》も一・七キロと近い。縁起によると、繁多寺もまた孝謙天皇の勅願で、行基が薬師如来を彫造し建立された寺。その後、空海が逗留したと伝わる。江戸時代、四代将軍・家綱の念持仏であった歓喜天《かんぎてん》がまつられている。

今日は歓喜天の縁日で、境内には人も多く、遠足なのか集まっている小学生にご住職が説明をされていた。腰かけていると地元の人が、「ここの歓喜天には、ご利益をもらっています。祈りの力はすごいですよ」と微笑む。

納経所で座っておられた副住職さんに、「先日はありがとうございました。栄福寺です」と名乗ることにした。「え！　全然気づきませんでした」とマスクを付けていたため、驚かせてしまったようだ。

副住職さんの案内で、縁日にお参りに来られている人たちを、ひとりひとり迎え入れているご住職にご挨拶させていただき、これからの四国遍路や札所寺院のあり方について、お話を伺う。高台にある眺めのいいこの寺で、諸堂で手を合わせ、地元の人やお遍路さんの話に耳を傾けていると、結局二時間も滞在することになった。

「僕はせっかちなんで、あえて急がないようにしているんです」

「なるほど。僕もせっかちなんで、今日は和尚さんからいいこと聞いちゃったな」とまた先ほどの地元の方が笑った。

十三時半頃に、**五十一番札所・石手寺**に到着。石手寺は、四国霊場を代表する名刹のひとつで、伽藍も広大である。仁王門は国宝で、本堂、鐘楼、五輪塔、護摩堂などの重要文化財もずらりと並ぶ。神亀五年（七二八）、伊予の豪族越智玉純《たまずみ》が、霊夢によって熊野十二社権現をまつり開創した。元は安養寺という寺名が石手寺となったのは、空海の時代、四国遍路と縁の深い右衛門三郎《えもんさぶろう》が手に持った石の伝説によるとされている。

境内で弁当を食べていると、初老のお遍路さんが近づいてきた。

「私はスナックで女性を口説くのが好きなんです」

あまりにも唐突な話題だったが、「そういうのって、ややこしいことになるんじゃないですか?」と話を聞くことにする。

「やっぱり一回あったね。男がふみこんできて。まず大事なのは、服を着ることだと思って。私、元相撲部なんですが、裸だとやっぱり勝負にならないから。そして、人目がある所のほうが安全だと思って、〝表に出ろ〟って言ってね」

「冷静だけどなんだか可笑しいですね」

道後温泉も遍路道

石手寺を辞して、先へ進むと荘厳な伊佐爾波《いさにわ》神社や、一遍上人の誕生寺である宝厳寺《ほうごんじ》の寺号石の前を歩き、愛媛や松山のシンボルになることも多い道後温泉本館の前に至る。ここも遍路道とは知らなかった。

その後も、種田山頭火の終焉の地・一草庵や、日露戦争時の捕虜収容所が松山にあったため存在するロシア兵墓地など、存在は知っていても今まで近づくことのなかった場所が、遍路道の近くに点在する。宿への道の途中には少年院もあった。

三津浜駅から十分ほど歩いた場所にある、「ＨＯＴＥＬ　ＡＺ愛媛松山西店」（二食付四千五十六円）に着いたのは十七時だった。ＧｏＴｏの割引に加えて千円のクーポンが出るので、実質二食付で三千円ともいえる。選べる夕食は、カセットコンロで煮込む味噌鍋にした。寝る前に、今日参った寺の納経帳をベッドの上に広げ、本尊の真言を唱える。

翌朝、寝坊して起きたら六時三十七分だった。それでもまずはベッドの上で、般若心経と真言。しかし結果的に、今日は八時ぐらいの出発がちょうど良さそうだ。雨がけっこう降っていて、冷たい雨のようだった。予報によると十五時頃には止む模様。

十時前に**五十二番札所・太山寺**《たいさんじ》に近づく。地域を代表する名刹に時々あるように、寺だけでなく、近辺の集落に入る前に門をくぐる。その場所のバス停には「一の門」の表記が出ていた。

「宿は逃げへん」

寺に近づくと「二の門」の仁王門、三の門と続いていく。太山寺は国宝の本堂を有する大寺で、一年をかけて愛媛県美術館や愛媛大学（ちなみにこの国立大学は「四国遍路・世界の巡礼研究センター」を有する)、各専門家が近年おこなった大規模な調査で把握できたのは、聖教《しょうぎょう》、文書類だけでも一万七千件という膨大なものであり、そのスケールが想像できる。

縁起によると、用明天皇二年(五八七)、開基とされている真野長者《まののちょうじゃ》が、暴風雨の際に観音菩薩の功徳で救われ、「一夜建立の御堂」を建てたと伝わる。その後、聖武天皇の勅願で、行基が十一面観音菩薩を彫り、胎内に真野長者が見つけた観音像を入れて本尊とした。弘法大師が晩年この地を訪れた際に護摩を修法し、法相宗から真言宗に改宗したとされている。

雨の降るなか本堂と大師堂でのお勤めをしていると、地元の人らしいおばあさんから「今日はここで、お護摩があるんです。月に一遍、この時間だけ本堂は入れるんですよ。ぜひお参りしていったら?」と誘われた。

「お参りしたいですけど、今日はもう先を行かなきゃ」

「そうよね、歩きだものね」

「宿は逃げへん。この時間に参ったのだから、縁があるんよ。拝んで帰らんと。お護摩はいいわよ。法話もあるし」と連れの人は、さらに勧める。しかし時間以上に、足を止めると濡れた体が冷えてくる。

屋根のある休憩所で座っていると、「これお接待です」と言って、同世代の男性が、五百円玉をくださった。ほとんどの歩き遍路の人が持っている地図を作っている「へんろみち保存協力会」の人だった。名前だけ書いていた納札をお渡しすると、「密成さんですか？　似ている方だとは思っていたのですが」と、驚いた様子だった。

「地元の高齢化で、遍路道が荒れてきています。若い人に繫いでいきたいんです」

彼と話していると、ちょうど護摩の時間になり、やはりお堂の中に入らせていただいて参拝し、ご住職の法話を聞かせていただいた。

「ご法話を聞けてよかったです。護摩も」

出てきたおばあさんたちにお礼を言うと、「お堂も逃げへん。そういうご縁やったんよ」。

見るともうお堂の入口は閉まっている。

次の**五十三番札所・円明寺**《えんみょうじ》までは約二・五キロ。この寺には慶安三年（一六五〇）の銅板納札が保存されていて、「遍路」「同行二人」の文字がその時代にすでに刻まれている。ちなみに奉納者の「平人家次」は伊勢出身、江戸の豪商である。聖武天皇の勅願で、行基が本尊阿弥陀如来と脇侍の観音菩薩、勢至《せいし》菩薩を造立し、のちに弘法大師が荒廃した伽藍を再興したと伝わる。

境内で出会ったご夫婦は、カナダのナイアガラの滝で入手したカッパをかぶっていた。

「やっぱりコロナの自粛期間が長かったから、こうやって外に出ると気が晴れますね」

「そうよ！　本当にそう」

海をしばらく見ていなかったが、堀江港のあたりから海辺に出て、遠くの空には小さな青空がみえてきた。北条港すぐ近くの「シーパMAKOTO」（二食付八千八百円）に十六時半頃に着いた。すでに空は晴れていて、太陽の光が降りそそぎ、漁港の風景が落ちつく。

シーパMAKOTOは、天然温泉の露天風呂から瀬戸内海を眺めることができ、風呂を利用する地元客も多い。今日は、夕焼けが綺麗にみえる。栄福寺からはもう車で四十分ぐらいの場所なので、何度か来たことがあった。一階のロビーでは地元の中学生アイドルがコンサートをしていて、ファンも応援中。遍路宿の合間に、こういう飾らない雰囲気の宿も結構好きだ。

朝食は七時だが、もっと早く食べたい人は、前の晩に弁当を持ってきてくれるので、お願いすることにした。寝る前に、持参した体温計で検温すると三十六度四分。

『八宗綱要』を書いた寺

四時四十分頃、自然に目が覚めて般若心経。朝ご飯を食べながら、テレビをつけると臨済宗の山川宗玄《やまかわそうげん》老師がＮＨＫの「こころの時代」に出ておられた。浄土宗の林田康《はやしだこう》順《じゅん》師（大正大学教授）と僕（真言宗）の三人で、仏教伝道協会の法話集を作ることになっていて、締切が迫っていることを思い出す。老師がお話しになっていた「時節因縁」という語をノートにメモした。

六時過ぎに宿の玄関に出ると、人慣れした猫が、丹念に自分の体をなめている。今日も晴れていて、薄い朝焼けの空がひろがっていた。通りかかった歩き遍路さんが泊まることのできる小屋で、若いお遍路さんに出会う。

「はやいですね。昨日はすごく寒くて、なかなか起きられなくて……」

「僕は近くの今治からですが、どちらからですか？」

「北海道からなんです」

「坂本屋でおばあちゃんと話しませんでしたか？」

「はい、話しました。ずいぶん親切にしていただいて」

浅海《あさなみ》駅のあたりからは、透明度の高い瀬戸内海の海岸線を歩き、八時頃に自分の住んでいる今治市に入った。古くから瓦の生産地として知られる菊間《きくま》は、今でも瓦業者が軒を連ね、栄福寺の瓦もこの菊間瓦である。遍路道沿いにもたくさんの鬼瓦が並び、中には弘法大師の瓦もある。

五十三番札所・円明寺からは、約三十五キロ歩いて、**五十四番札所・延命寺《えんめいじ》**に十四時前に着いた。縁起によると、聖武天皇の勅願で、行基が不動明王をまつり本尊とした。その後、弘法大師が再興。明治までは、五十三番と同じ円明寺という寺名だったが、間違われることが多く「延命寺」に改称している。

GoToトラベルの影響もあるのか、日本晴れの寺には、団体バスが二台、ジャンボタクシーも数台止まり、境内はお遍路さんで賑わっている。この寺は、鎌倉時代の僧・凝然《ぎょうねん》が二十九歳の時に、各宗派の教理を簡潔に述べた『八宗綱要《はっしゅうこうよう》』を書いた寺でもあり、境内の供養塔で手を合わせた。『八宗綱要』(講談社学術文庫)を開いてみても、奥書部分に「予州(伊予国、現在の愛媛県)の円明寺の西谷に於いて、之を記す」とある。

次の札所に続く遍路道をはじめて歩いたが、親切な案内も多く田舎道の落ちついた雰囲気だ。今治市の広大な公共墓地である大谷墓地を通って、約三・五キロ先の**五十五番札所・南光坊《なんこうぼう》**には十六時前に着いた。宿の多い今治駅近くの寺なので、あえて地元今治に泊まるのも面白いかと考えたが、結局南光坊まで妻に迎えに来てもらい、いったん栄福寺に戻って泊まることにする。

リラックスした読経

朝、六時過ぎに栄福寺を発ち、昨日歩いて到着した五十五番・南光坊まで母に車で連れて行ってもらう。母も南光坊をお参りして帰った。この寺の本尊・大通智勝如来《だいつうちしょうにょらい》は珍しい仏様で、『法華経』の「化城喩品《けじょうゆぼん》」に説かれ、大三島《おおみしま》にある大山祇《おおやまづみ》神社の本地仏とされている。縁起によると、大宝三年（七〇三）に島から移された、大山祇神社八坊のひとつであったこの南光坊で、大師が御法楽をあげられ、霊場となった。

いつもはお勤めを、「至心に」と心を込めてしようとしているが、ふと、ラジオの周波数を合わせるように仏様と自心とこの場をつなげて、リラックスした気持ちで読経をしてみる。

「重重無碍《じゅうじゅうむげ》にして帝網《たいもう》に喩う　隠隠《おんおん》たる円融は錠光《じょうこう》の心なり」

――現象界の万有は、すべての個物と個物とが重重無碍であって、帝釈天の網に喩えるとおりであり、われわれには分からぬほどに、かすかに完全に融合しあっているさまは、燈の光が帝釈天の網の珠《たま》に映じて無限に光を投げあっているようである。（弘法大師空海『秘蔵宝鑰』）

力を込めて、「さぁ拝むぞ！」と力まなくても、元々別の存在ではなく、分かれてはいないことを「あらためて知る」ような態度も、持っていたいと思う。


「心境絶泯《ぜつみん》して常寂の土なり　語言道断《ごごんどうだん》して遮那《しゃな》の賓なり」

――認識主観（心）と認識対象（境）との対立を滅ぼして常寂光土（法身仏の浄土）がある。そこに住するものは言語表現を断っていて、大日如来に招かれた者である。

（弘法大師空海『秘蔵宝鑰』）


「いつも」はそうはいかなくても、仏教の徒として「私」と「他」のない時間を意識していたい。それは仏教における、すこぶる大切な「聖性」のひとつだろう。

栄福寺に帰ってくる

続く道は、いくつか学校があり、今治駅から通学する高校生たちも多い。歴史のある今治西高校が、なぜこんな細い道にあるのか、以前から不思議だったけれど、学校の前が遍路道であることを知ると、要は古くからの通りなのだろう。

南光坊から、三キロほどで**五十六番札所・泰山寺**《たいさんじ》に着いた。この地の蒼社川《そうじゃ》が毎年氾濫して民衆が困窮していたところ、弘法大師が「土砂加持《どしゃかじ》」という修法をして、治水祈願を成就したと伝わる。その時、大師は地蔵菩薩を感得、堂を建て泰山寺と名づけた。

ここでは数年前、大阪でお寺の住職になった知り合いの僧侶に出会った。四国遍路の参拝は百回を超える。

「お寺がこれからだっていう時に、コロナになって困ってます」

それでも表情は明るい。

そしていよいよ、僕が住職を務める**五十七番札所・栄福寺**へ向かう。昔、渇水時は、川の中を歩いたと言われ、そこにも遍路石が建っているが、今は橋を渡る。向かいなが

著者が住職を務める五十七番札所・栄福寺（愛媛県今治市）

ら二十三番の薬王寺で納経帳が濡れてしまった時に、一念発起の心を起こしたことを思い出し、「何度でも、ここから、はじめればいいじゃないか」と自分に声をかけた。

十時半に山の中腹にある栄福寺に着く。見慣れた寺だ。札所の中では小さな寺だが、あらためてこの寺が美しいと感じられることが有難い。ここが僕の「ホーム」である。子供の頃から僧侶にはなりたいと思ってきたが、ここまでお参りを終えてみて、今更ながら「札所の住職」であるということに、かつてないほどの感慨を覚える。それは、今までよりもずっと四国遍路のことが好きになっているせいもあった。日本に二つとない仏教聖地を任されているのだ。

そして、小学生の頃に栄福寺で出会ったちょっと恐かった修験者、毎日弁当をお遍路さんにお接待してくださっていた人、車椅子に乗った病気の子供など、印象深い人たちの顔が浮かぶ。教師をしながら寺を護った先代住職の祖父、宿坊を運営しながらそれを支えた家族、檀家の少ない寺を守ってきた地元の人たちや巡拝者……。この寺を、そして遍路を未来に繋いでいきたい。

縁起によると、弘法大師が弘仁年間に嵯峨天皇の勅願で訪れ、瀬戸内海の安穏を祈願して、護摩の修法を行い、結願の日に現れた阿弥陀如来の尊像をまつって堂宇を建立したといわれる。その後、神仏習合の八幡神社の別当寺となった。それもあり、明治政府の神仏分離令までの江戸期の納経帳には、墨書きも版木のものも「八幡宮別当　栄福寺」と書かれている。近年、何度か調査が入り、不動明王像と観音菩薩像が平安期のものであることが判明し、発掘調査では境内から弥生土器が出土した。

お勤めをする前に、寺の説明をしている団体参拝の運転手さんが白装束の僕に気づき、「あれ、住職さん、お参りしよんじゃないんじゃろ?」と不思議そうに声をかける。「いや、そうなんです。今回は内子から歩いて、ここまで来ました。功徳、いただいていますよ」と言うと、「みんなにご利益ふりまいてください」と笑う。ちょうど団体のお勤めも終わったところで、寺の縁起と弘法大師の話をしばらく皆さんにお話しした。
今日は、お遍路さんに交じり、僕も納経所で本尊の名前を書いてもらう。

僕もコロナ不調になっていた

栄福寺で簡単に昼食を済ませ、作礼山《されいざん》山頂の仙遊寺《せんゆうじ》には、一時間かからずにのぼることができた。五十八番札所・仙遊寺は、天智天皇の勅願で、伊予国主・越智守興《もりおき》が諸堂を建立したと伝わる。この寺にはかつて阿坊仙人という僧が、長く籠もり伽藍を整えた後、忽然と姿を消したという伝説があり、仙遊寺の寺名はそれに由来している。弘法大師がこの寺で修法し井戸を掘って、伽藍を再興した。

年齢の近い副住職さんや、知り合いの僧侶も偶然おられ、三人でしばらく話していると、ご住職が来てくださり、「いつか宿以外でも泊まるといい経験になるよ。あと民家で托鉢をしたりね」とお話ししてくださった。みかんなどのお接待をたくさんいただき、恐縮する。標高約三百メートルのこの地からは、今治市と瀬戸内海の様子が一望できて、きらきらと光っている。

五郎兵衛坂《ごろべえざか》という山中の坂を越えて、仙遊寺から六キロほどの国分寺《こくぶんじ》に向かう。舗装路に戻ると、高校時代に自転車で通った通学路に入り、よく知ったなつかしい道を歩いて進む。

十五時を過ぎて、**五十九番札所・国分寺**をお参りする。天平十三年（七四一）、聖武天皇の勅願により、行基が薬師如来を造立し開創したと伝わる。住職第三世、智法律師の代に弘法大師が滞在し、五大明王の図を奉納、霊場に定めたという。この地に国分寺があるということは、かつて伊予の行政中心地が、この今治あたりであったのだろう。

手前のいくつかの宿が、ことごとく満室ということもあり、歩き遍路の自分には少し贅沢な選択のような気もしたけれど、予約していた「休暇村　瀬戸内東予」（二食付八千五百八十円）に十八時前に到着。少し急いだこともあってか到着の四十分ほど前から、頭に血が上って、めまいのような状態になる徴候を感じた。

コロナの日々で気づかぬうちにストレスを溜めていたのか、出発前から数年ぶりに、この症状がたまに出るようになっていた。しかし宿になんとか着き、食事をとる頃には、回復。部屋からは瀬戸内の海がよく見えて、大浴場も温泉で快適だ。

弘法大師像のある宿

翌日は、札所のお参りがなく、ちょうどいい距離に宿が取れなかったので、普段以上にのんびり歩いても大丈夫な予定だった。朝は気持ちよく晴れて、部屋からみえる瀬戸内海が絶景。ロビーからも海が一望できる。

札所寺院のお参りはなくても、今日の遍路道には、五色の虹が水中に浮かぶと言われる大師ゆかりの井戸である臼井御来迎《うすいごらいごう》や日切大師《ひぎりだいし》、生木地蔵《いききじぞう》と空海の霊跡が続き、お参りさせていただく。途中、無料で泊まれる善根宿《ぜんこんやど》には、「禁酒」等の箇条書きされた宿泊ルールが、貼ってあった。

天気のいい一日で、ゆったり遍路道の旧跡に手を合わせながら、中山川の石鎚橋を渡る。遠くには、西日本最高峰である石鎚山系の山々が近づいてきた。今日の宿、「湯の里小町温泉しこくや」(二食付六千八百十二円)は、お遍路さんには定番の中規模宿である。中に入るとまず弘法大師の石像が安置されていて、八十八ヶ所すべての寺の写真が壁に貼られ、一階の売店には、巡拝用品がたくさん並ぶ。

聖地・星ヶ森での阿字観

朝起きて、般若心経と阿弥陀如来の真言、大師宝号を唱える。遍路も六回目となる今

聖地・星ヶ森から石鎚山をのぞむ

回は、朝起きてまず布団の上で読経する習慣を続けることができた。今日は、石鎚山の中腹、標高七百五十メートルにある横峰寺《よこみねじ》にお参りする最終日だ。

国道から山のほうへ道を入って行き、登って行くと、清流が流れる川の石は、このあたり特有の青い色味を帯びている。

一時間半ほど歩くと未舗装の山道になり、遍路道の隣に小さな川が流れている。大師も修行し、修験道の伝統も残る霊峰石鎚山に登ることができるのが、有難い。横峰寺の山門には、宿を出て二時間四十分ほどで着いた。しこくやで「ゆっくり四時間、普通三時間」と聞いていたので、普通に歩いたということだろう。

このあたりから少し登った所に、「鉄の鳥居《かね》」があり、石鎚山を遥拝することのできる星ヶ森《ほしもり》という聖地がある。ここで役小角は蔵王権現《ざおうごんげん》を感得し、弘法大師は星供《ほしく》を修法したと伝わる場所だ。

今日は晴れているが、山頂部分にだけ雲がかかり、かえって神秘性を増しているように感じられる。五体投地の礼拝をした後、しばらく読経して、真言を唱え、密教瞑想の阿字観と阿息観の修行をさせていただいた。思い浮かべる阿字が一ヶ所に留まらず、無数にあって躍動しているようだ。その阿字がフーッと身体に入ってくるように感じた時、風が大きく吹き、あたりの葉がぱっと散った。

「刹塵《せつじん》の渤駄《ぼつだ》は吾が心の仏なり　海滴の金蓮《こんれん》はまた我が身なり」

——数限りない仏はわが心の仏である。大海の滴ほどもある無数の金剛部、蓮華部などの菩薩たちもまた、わが身《からだ》である。（弘法大師空海『秘蔵宝鑰』）

六十番札所・横峰寺は、先ほどの星ヶ森で蔵王権現が現れた際、役小角がその姿を彫って、お堂を建ててまつったのが創建と伝わる。その後大師は、この地で修法し堂宇を整備して、霊場と定めた。

初夏の石楠花《しゃくなげ》が有名な寺だが、今の季節も境内では、様々な種類の花が咲いている。標高があるので、汗が冷えてきて少し寒く、日だまりを見つけて休憩した。

横峰寺を下りてゆき、次の札所である香園寺《こうおんじ》奥の院である「白滝」を通りかかったので、お参りして納経もいただく。

六十一番札所・香園寺には横峰寺を出発して、二時間四十分ほどで到着した。縁起では用明天皇（在位五八五〜五八七）の病気平癒のために、皇子の聖徳太子が建立したと伝わる。その後、空海がこの地を訪れ、難産の妊婦を栴檀《せんだん》の香を焚いて祈禱したところ、無事出産した。その故事にちなみ今でも、安産祈願で知られる。自分も娘の安産参りをしたので、手を合わせて元気に育っている御礼を祈る。

香園寺で北海道からの若者お遍路さんと再会。「早いですね」と声をかける。

「じつは車に乗ってと言われたら、断らないようにしているんです。僕の荷物にも暇つぶしの本が入っていますよ」

「どんな本ですか？」

「ライトノベルです」

「ラノベ？」

「もともと、その関係の仕事とかゲームの仕事をしたかったんです」

「今からでも、少しずつ書けばいいのに」

「……時々、こうやって札所で休憩している時に、一緒になった人をタロットカードで占ったりもしますよ」

一瞬、やってもらおうかと思ったが、今日はずいぶん遠くまで移動する予定を聞いていたので、やはり頼まないことにした。ここから近くの伊予小松駅まで歩いて、電車で今治まで帰る。今までの遍路に較べると、少し疲れが溜まっているようだ。久しぶりの遍路は、自分自身が想像以上にコロナの「ステイ・ホーム」で体力を落とし、疲弊していたことを知る巡拝になった。

しかしそれ以上に、再び遍路ができて、自坊である栄福寺を今までとは違った思いでお参りし、霊峰石鎚山で大師を感じた、忘れることのできない遍路になった。そして人々が長い距離を「歩き」、人の生死を思いながら「祈る」ことによって、原初の人間性を思い出すように、〝取り戻してきた〟ことを思い浮かべていた。

第七章　弘法大師のふるさとへ

・二〇二〇年十一月九日〜十七日
・六十二番宝寿寺→七十八番郷照寺

山陽新幹線
福山駅
岡山県
児島駅
新尾道駅
JR山陽本線
広島県
尾道駅
ビジネスホテル三中井 Ⓗ
郷照寺 78
金倉寺 76
道隆寺 77
多度津駅
曼荼羅寺 72
弥谷寺 71
善通寺駅
坂出駅
瀬戸内海
出釈迦寺 73
甲山寺 74
いろは会館 Ⓖ
千歳旅館 Ⓕ
琴平駅
善通寺 75
観音寺駅
神恵院 68
観音寺 69
琴弾八幡宮
香川県
本山寺 70
民宿四国路 Ⓔ
66 雲辺寺
大興寺 67
62 宝寿寺
63 吉祥寺
御宿大成 Ⓒ
伊予三島駅
徳島自動車道
阿波池田駅
新居浜駅
JR予讃線
石鎚山駅
椿堂 (常福寺)
三角寺 65
Ⓑ ビジネスホテル MISORA
民宿岡田 Ⓓ
徳島県
松山自動車道
Ⓐ 湯之谷温泉
64 前神寺
愛媛県
JR土讃線
高知自動車道
高知県
後免駅
高知駅
伊野駅
JR土讃線
【2020年11月9日～17日】
0 10km

十一月の遍路がはじまった

七回目となる遍路は、翌月の十一月九日に出発した。出発の数日前に荷物の準備を始めれば、落ちついて準備できることが分かっていても、いつも直前にバタバタとしてしまう。案の定、毎回リュックにつけていた鈴を忘れたことに、出発してから気づいた。鈴の音がすると、なぜか心が落ちつくことが多かったので、どこかのお寺で買いたいな……。

十一時七分今治駅発の電車に乗り、前回遍路を終えた愛媛県西条市にある伊予小松駅に十一時三十六分に着いた。まずは駅からすぐ近くの**六十二番札所・宝寿寺《ほうじゅじ》**にお参りをする。宝寿寺は天平時代に伊予一ノ宮神社の別当寺として創建された。弘法大師がこの地を訪れた際、光明皇后の姿をかたどった十一面観音菩薩像を彫造したと伝わる。明治維新では、廃仏毀釈の難を受けたが、明治十年に再興されている。

遍路がスタートした時によく感じるように、まだ気分が「お参り」という雰囲気に馴染みきっていない感覚がある。こういう時に不思議と助けになってくれていたのが、鈴の音だったのだ。

スーパーにあるセルフのうどん屋で昼食を食べ、宝寿寺から一・四キロと近い**六十三番札所・吉祥寺《きちじょうじ》**に到着した。縁起によると弘法大師は、弘仁年間この地を巡教し、光を放つ霊木から本尊の毘沙門天像や脇侍の吉祥天像（毘沙門天の妻）、善膩師童子《ぜんにしどうじ》（息子）を刻んで安置し開基したと伝わる。寺には、長宗我部元親がスペイン船の船長から贈られたといわれる白磁の「マリア観音像」も秘蔵。住宅や車通りが多い地域にありながら、境内には大きな木が堂々と鎮座しており、秋遍路のいい風が吹いている。

お葬式に呼ばれる

六十四番札所・前神寺《まえがみじ》に向かって、国道から山の方へ少し入ってゆく。途中、細い道ですれ違った車の女性が「お遍路さん、これ！」と窓を開けて停まり、ニッキ味の飴をくれたので、舐めながら進んでいく。
寺へ近づいた頃、近所の寺のお坊さんから連絡があり、明日九時からお葬式の伴僧《ばんそう》（導師に伴う僧）をできないかと打診があった。遍路の途中ではあるものの、まだ今治からさほど離れていないので、これも何かの機縁かと感じてお受けする。

前神寺は、修験道の祖である役小角が山で修行をした際、釈迦如来と阿弥陀如来が石《いし》鉄《づち》蔵王権現となり出現した姿をうつした尊像をまつったことにはじまる。石鎚山麓の寺で、修験道のさかんな真言宗石鉄派の総本山である。整然とした境内には霊地の息吹があり、本堂と大師堂に続いて鳥居をくぐり、石段を登って石鉄蔵王権現にもお参りした。

今からだと宿はキャンセルできないので、予定通り予約してあった近くの「湯之谷温泉」に向かう。様々な部屋があるが、僕は四人泊まれるゲストハウスタイプにひとりで泊まるプランにした（素泊まり八千十五円）。ほどよいサイズ感がしっくり来る宿で、特に源泉を薪で沸かした掛け流しの温泉は、長年親しまれている湯という趣があり気持ちがよかった。

子供の頃に住んでいた街

電車の時間があるので四時二十分に起きて、まず般若心経。最寄りの石鎚山駅までの道は、まだ真っ暗だが星が綺麗だ。駅に早く着いたので、時間つぶしにストレッチ運動をしていると列車がやって来た。

栄福寺に帰り、お葬式を拝んで再び石鎚山駅に戻ったのは、十三時頃。偶然だけど、いつもの鈴も部屋から取ってくることができた。十一月とはいえ、歩いていると暑くなり、ゴアテックスのジャケットを脱いで、白衣に菅笠、そして鈴が鳴ると、「うん、やっぱりこれだなぁ」という気分になる。

西条市のこのあたりは、地下水の「うちぬき」（自噴井）が豊富で、遍路道にもその水を自由にくめる場所があった。

父親が新居浜西高校で化学の教員をしていたので、僕も小学三年まで住んでいた新居浜市に入ると、遍路道沿いのガレージに壁いっぱいの本を並べて、机と椅子を置いてある場所があった。四国遍路の全体地図が貼ってあり、「ミニミニ自由文庫」という木の看板が出ている。

暗くなってきて小さな商店街を通ると、この街に住んでいた頃、両親はちょうど今の自分ぐらいの年齢だったのか、と想像していささか感傷的になってくる。

今日の宿、「ビジネスホテルＭＩＳＯＲＡ」は、まさに僕たちの遊び場だった国領川、河川敷のすぐ側に立つビジネスホテルを近年、リフォームした感じのホテルだった（素泊まり二千九百九十円）。

遍路を支える人たち

朝起きて読経をした後、朝食を食べようと冷蔵庫を開けると、入れておいたおにぎりやサラダがカチンコチンに凍っている。おそらく僕が温度調整を間違えたのだろう。

今日は、約二十キロの遍路道をたいした曲がり角もなく、ほぼまっすぐ歩く日になる。移動距離が短いが、その先の歩ける範囲には宿がなさそうなので、昨日は葬儀で忙しかったこともあり、そういう日があってもいいだろう。

自動販売機で水を買っていると、仕事へ向かう地元の女性から「お参りご苦労様」と声をかけられた。朝のニュースを見ながら、「こんなコロナの大変な時代に、自分はただ手を合わせ、お参りをしているのだなぁ」と漠然とした自問をしていたせいもあり、そのひと言が心に響く。

快晴の中を歩いていると、小さくはない倉庫を丸ごとお遍路さんのための休憩所にしている建物があり、トイレをお借りした。中は清潔な雰囲気で冷蔵庫や電子レンジ、机などがあり、三畳分の畳が敷かれた場所には布団まで置いてあった。壁には巡拝者の納札がいくつも貼られ、ノートやホワイトボードには、日本語や英語で無数の感謝の言葉が綴られている。

四国遍路はお遍路さんや札所寺院だけでなく、こういった数え切れない土地の人によって支えられている。そのことが身体に染み渡るように伝わってきた。僕もできることをしなければ。やはりそれは「仏教」に関することだろうか。

のどかな田舎道にある農業倉庫の外壁に「BAD BOYS」と大書してあるのに、ひとり微笑みを浮かべながら、四国中央市土居町の街に入り「大衆食堂しのはら」でオムライスを食べた。

「伊予三島までだったら、車で二十分ぐらいだから、歩くと三時間では行かんかもしれんね」

しばらく進むと、地域産業である製紙会社の前をいくつか通る。分かれ道では、製紙工場で働く人が外に出てきて遍路道を教えてくれた。そして十五時に伊予三島駅の近くにある民宿「御宿大成」に着いた（二食付七千五百円）。

玄関には、輪袈裟をかけたピーターラビットが鎮座している。宿帳に名前を書いていると、宿のおばあちゃんが、「あれ札所のお坊さんじゃないですか？　五十……えーっと」「あ、はい五十七番の者です」

地元愛媛では、夕方のNHKニュースで人生相談を二年間、担当していたこともあり、こういうことが何度かあった。

小林一茶の訪れた紅葉の山寺

五時に起きて、いつもの読経に加えて、栄福寺の本尊である阿弥陀如来、釈尊、大日如来の真言を唱える。大きな卵焼きや温かい味噌汁の朝食をいただきながら、宿のおばあちゃんと話す。

「遍路以外にも四国曼荼羅霊場や三十六不動もお参りさせていただいています。〝今日は予約がない〟っていう日に、なんとか日帰りで車に乗せてもらってね」

今日は昨日にもまして天気がよく、雲ひとつない。このあたりの遍路道には、江戸時代の道しるべが点在しているが、新しい家の敷地に「→ SANKAKU TEMPLE 4.6km (god bless you)」と雑貨屋のような木の看板が出ているのも、現代的で面白い風景だ。

伊予三島の中心街から、高速道路をくぐり山を登って行くと、未舗装の山道に入り、愛媛最後の札所、標高約三百六十メートルにある**六十五番札所・三角寺**《さんかくじ》が見えてくる。縁起によると聖武天皇の勅願で行基が開山。その後、弘法大師が訪れ十一面観音像をまつり、国家安泰のために魔をはらう調伏《じょうぶく》護摩を、三角形の護摩壇で修法した。寺名はそ

愛媛県四国中央市にある六十五番札所・三角寺の紅葉

れに由来する。

小林一茶がこの寺で、「是《これ》でこそ登りかひあり山桜」と詠んでいるように、境内の木々が美しく、今の季節は紅葉で赤く染まっている。旧知のご住職が、「今日はどこまで？それならば明るいうちに行けるね。トンネルは、歩道があるので大丈夫と思うよ」と声をかけてくださった。

近くの駐車場でジュースを買っていたら、「もしかして栄福寺さんですか？」と東京からの団体巡拝を率いている女性先達さんに話しかけられる。

「みなさん、昨日お参りした栄福寺のご住職ですよ。お地蔵さんがハンサムなお寺！」

バスが出発するのを手を振って見送った。

道中の休憩所で昼食用に買っていた弁当を食べ、歩いていると、「椿堂《つばきどう》」と呼ばれる常福寺への道を間違えて少し引き返す。椿堂で納経をいただき、ご住職と「おー白川君。全部歩いてんの？　それはええ経験になるわ。宿の岡田さんまでは二時間ぐらいかな」としばらくお話をさせていただいた。

ここからの道は、いくつかのルートがあるが、遍路地図によると旧来の遍路道は、「草木繁茂の部分有」とのことで、愛媛と徳島の境界を通る「境目トンネル」（八百五十五メートル）を行く道を選んだ。トンネルに入る前に、「石清水です。手洗いにどうぞ」と書かれた湧き水で手を洗う。あたりの雰囲気は、だいぶ山深い集落だ。

歩き遍路の名物宿

十五時過ぎに着いた徳島県三好市池田町の「民宿岡田」（二食付六千五百円）は、一軒家を改修したような宿で、多くの人が「遍路を歩くからには岡田に泊まらなければ」と話していた宿だ。九十歳を超えるおじいさんが、中心になって切り盛りしていて、宿に入ると、まず「杖をどうぞ」と洗ってくださり、それを軽快に部屋の床の間に置いてくださった。年齢からはとても考えられないほどお元気だ。

「明日の昼用のおにぎりはどうされますか？　お代はお接待させてもらっているよ」

風呂に入って、洗濯をしようと外に出ると、後から着いた七十歳ぐらいの男性お遍路さんが、煙草を吸いながら休んでいた。

「息子が若い頃に遍路を歩いたので、来てみたんです。昨日膝をやりまして、雲辺寺《うんぺんじ》はロープウェイを使おうと思っています。宿は出発前に全部予約していて、最後はホテルに泊まって打ち上げです」

夕食の場所には三十五歳ぐらいのお遍路さんもいて、宿のおじいさんは、ここでもテキパキと働き、ごはんを全員によそってくれる。それぞれが、「自分が今日間違えた道」の話題で盛り上がりながら食事を終えた。

するとおじいさんが次の山寺である雲辺寺までの道順を書いた紙を全員に配り、写真を何枚も示しながら講談のような雰囲気で説明してくれた。

「雲辺寺までは、普通で二時間から二時間五十分。そこにあるのがこの目印！　だまされるなよ～」という名調子にみんなが手を叩いて大笑い。

いつにも増して楽しい遍路の夜だったが、ここで前回のように突然、めまいの徴候が現れた。説明の途中だったが、「ちょっとめまいがするので、薬飲んで部屋で休んでき

徳島県三好市にある名物遍路宿「民宿岡田」

ます」と伝える。「めまい」というよりも、頭に何か（血流？）が、強くあがる感覚があって、地面がふわふわする。

「大丈夫か？　この秘境宿泊クーポンの申請書を出すとお金戻ってくるから、ちゃんともらうんやで」とおじいさんが励ますように声をかけてくれた。

「ええ、大丈夫。それだけは忘れませんよ」と言うと、またみんなが笑う。

「六大無碍にして常に瑜伽なり」

遍路を歩いたことで「身体がよくなった」という話には事欠かない。僕も遍路を通じてずいぶん体力に自信がついた。一方で一日中歩くのだから、身体面にしても精神面にしても、自分の強い所も弱い所もくっきりと出てくるのだろう。

「六大無碍《ろくだいむげ》にして常に瑜伽《ゆが》なり」

――地・水・火・風・空の五大（真理の物質面）と識大《しきだい》（真理の精神面）とは互いに障碍《しょうがい》なく交じり合い、永遠に融け合い一体化している。（弘法大師空海『即身成仏義《そくしんじょうぶつぎ》』）

空海思想の『即身成仏義』の偈《げ》は、こんな言葉から始まる。僕は身体（物質）と精神（心）を「分けて」考えすぎているのかな、とふと思う。

朝は冷えてきて、四時四十分に目が覚めた。体調は悪くない。昨日、不調になったこともあり、少し落ち込んだような気分と、「もうなるようになるわ」というようなある意味、達観したような悪くない感覚が同居している。

五時五十分に呼びに来てくださり朝食。宿のおじいさんが、「大丈夫か?」と優しい声をかけてくれる。

「元気の秘訣はなんですか?」

「あのな、みんなから元気をすいとるんや。みんなは、じいさんから元気もらうと言うけどな。薬飲んだんだろう?」
「はい、漢方薬を」
「まずいな、あれ。錠剤にして欲しいよ」

四国霊場、最高峰に登る

雲辺寺は、四国札所でもっとも高い標高九百十一メートルに位置する寺なので、今日は山登りだ。途中で雨が降ってきて、初めてポンチョをかぶる。道中で一緒になった同宿の若いお遍路さんは、「降ってきてきましたね。これじゃ休憩もできません」と口では言うものの、落ちついた口調だ。

未舗装路と舗装路が入れ替わりに続く山を黙々と登り、階段がみえてきて**六十六番札所・雲辺寺**の山門をくぐった。意外と民宿岡田での説明が頭に残っているのが助かった。宿を出発して約二時間だったので、予定よりは少し早い。

雲辺寺は、札所としては讃岐(香川)の始まりだが、じつは住所は徳島である。縁起によると、弘法大師は、十六歳の時に七十五番・善通寺《ぜんつうじ》の建材を求めてこの地を訪れ、山の深遠さに感銘を受け堂宇を建立した。その後、大師は三十四歳と四十五歳の時にも修法し本尊をまつったと伝わる。古くより僧侶の修行、学問の地として栄えてきたこの寺は、「四国高野」とも呼ばれてきた。

本堂の軒下でお勤めの準備をしていると、また雨が強くなってきた。ポケットに入っていた椿堂でお接待いただいたチョコパイを食べる。十一月、深山の雨はやはり冷たい。

真言と天台の大師

この寺の後は長い山下りなので、どこで休憩できるかわからない。十時半だが屋根のある寺のベンチで、岡田でいただいたおにぎり弁当を食べることにした。五百羅漢像を越えて大興寺《だいこうじ》に向かう。道中でロープウェイを使うと言っていた、あのおじさんと出会った。膝はなんとか大丈夫のようだ。

「ずっと歩いていると、座るってこんな有難いことかって思うな」

くだる里山は、遍路道に紅葉した落ち葉が敷き詰められているようで、秋の風情がある。山裾まで下りてきた十四時前に、**六十七番札所・大興寺**に着いた。用水路にかかった「極楽橋」を越え、仁王門をくぐると樹齢を重ねる楠の大木を仰ぎ見て、石段を登ってゆく。縁起によると、もとは東大寺末寺として建立され、その後、空海が嵯峨天皇の勅願により再興した。

　かつては真言宗二十四坊、天台宗十二坊の僧堂を有するという珍しい兼学の歴史を持ち、それを示すように本堂に向かって左手に弘法大師堂、右手には中国天台の祖・智顗《ちぎ》をまつった天台大師堂を構えている。弘法大師像、天台大師像ともに鎌倉時代の作だ。

　この寺には、ご住職にお招きいただき泊まりに来たことがある。納経所でそのご住職にお会いすることができた。

「おお！　どこから始めたの？　そうかー。明日、文化財の説明会があるんだよ」

　副住職の息子さんも話に加わってくれた。

「宿が四国路ですと、三十分もかからないと思いますよ」

「コロナはどうなりますかね？」

「なるようになる、ということなのかな」

「民宿四国路」は、一般的な民家のような、まさに民宿（二食付六千九百円）。夕食を食べながら、宿の主人が色々と話をしてくださった。

「若い頃、ビジネスホテルなんてなかったから、こういう宿にずいぶん世話になったんです。だから今、恩返しと思ってやっています。コロナ前は外国人のお遍路さんが四割やったね。今まで泊まった外国人は、ひとりもお酒を飲まなかったです。ワインを送ってくれたフランス人はいたけどね。ほら、テレビのニュースで大興寺が出ていますよ。明日、私たちも行くので楽しみなんです」

「四種曼荼、各離れず」

五時に起きる。昨日の夜から感じていたが、この宿は、「まごころの宿です！」という気負いのようなものが強すぎず、居心地がよかった。

畑が広がる場所から、だんだん観音寺市の市街地に近づいてくる。

市街地や住宅密集地は、手作りの遍路の案内が少なかったり、あっても目立たないことが多く、意外と歩くのが難しい。それでも快晴の中、財田川の下流を渡り、三百八十一段の石段を登って琴弾《ことひき》八幡宮にお参りした。階段の途中、正装した神官とすれ違い札所への道順を教わる。山頂からは、綺麗に海が見えた。

本殿の奥から進むと、寛永十年（一六三三）に作られたと伝わる寛永通宝の形をした「銭形砂絵」が、眼下の海岸に広がっていた。そして山の中腹東側にある**六十八番札所・神恵院《じんねいん》**の境内に出てくる。お堂の前で男女が座っていて、男性が笛を吹いていた。

「笛の音《ね》も松吹く風も琴弾《ことひ》くも歌うも舞うも法《のり》の声々」

偶然なのだろうか、このお寺の御詠歌に驚くほどぴったりの風景と音である。栄福寺のウェブサイトには、「SING ALONG BUDDHA, DANCE WITH KUKAI.」（ブッダと歌い、空海と踊ろう）と掲げており、我ながら「少々、やり過ぎかも……」と思うこともあったが、こういう〝感覚〟は古来、あったのかもしれない。

「四種曼茶《ししゅまんだ》各《おのおの》離れず」

――大《だい》〈尊形〉、三摩耶《さんまや》〈法具〉、法《ほう》〈種子《しゅじ》〉、羯磨《かつま》〈活動〉の四種の曼荼羅はいずれも真理が形を変えた象徴で、これらも固く結びついている。（弘法大師空海『即身成仏義』）

秋晴れの中、八幡宮の神官に道を聞き、笛の音に誘われるように札所の境内に出てくる。そのような時間の中で、空海の言う様々な色や形、音などが真理を体現していて、それらは見えなくても強く結びついているという世界観が、今までよりもクリアに伝わってくるようだった。

六十八番札所・神恵院と六十九番札所・観音寺《かんのんじ》は同じ境内にあり、納経所では二つの納経をいただく。縁起によると、開基は法相宗の日証上人で、大宝三年（七〇三）宇佐八幡神のお告げにより、琴弾八幡宮を建立した。この時、別当寺として創建された寺が、神恵院と観音寺の起源と言われている。その後、弘法大師が、八幡宮の本地仏である阿弥陀如来を描いて神恵院の本尊とし、中金堂に聖観世音菩薩像を彫造して観音寺の本尊とした。

観音寺のお勤めでは、なぜか五体投地の礼拝をしたい気分になり、自然な気持ちに任せてそうすることにした。納経所は近年、ヒノキの伝統工法で新築されており素晴らしい雰囲気だったので、施工を担当した社寺建築業者なども教えていただく。

遍路道のうどん屋

次の寺へ、財田川沿いに上流に向かって歩いて行く。途中、餅入りの雑煮うどんが名物らしい「本場かなくま餅福田」といううどん屋に入る。やはりうどんの国、讃岐。遍路道にもいい店が多い。店は地元の人で一杯で、僕は「野菜天ぷらぶっかけ」を食べた。とても美味しい。テイクアウトのおはぎを買うと「お遍路さん、これちょっと珍しい海老おこわ。お接待です」とひとつ増やしてくださった。

七十番札所・本山寺《もとやまじ》に着いた。大同二年（八〇七）平城天皇の勅願により、弘法大師が開いた寺である。およそ二万平方メートルという広い境内に、国宝の本堂、五重塔、仁王門、大師堂、鎮守堂、赤堂（大日堂）などの諸堂が並ぶ。本尊が馬頭観音菩薩なのは、八十八ヶ所でこの寺だけだ。

五重塔の修復事業をされていたので、些少でも寄進させてもらおうかと考えていると、護摩堂の前で、「お遍路さんどちらから？」と笑いながら副住職の実健《じっけん》師が声をかけてくれた。

「伊予ノ国、今治でございます。タオルってご存じ？」とおどけて答えると、「知ってます！」。

彼とは、中国の五台山巡礼で数日間、同部屋で過ごしたことがあった。護摩堂や本堂を丁寧に案内してまわってくださり、その途中、若き日の遍路話や護摩の話など色々と話を聞く。

本山寺を出発してから、実健師に教えてもらった枯木地蔵堂をお参りし、今日の宿である三豊市の「千歳旅館」に着いた（二食付六千六百円）。女将さんが一人で切り盛りさ

香川県三豊市にある七十一番札所・弥谷寺の磨崖仏

れていて、玄関を入ったところに古い建物を描いた水彩画が飾ってある。
「それが昔の建物があった時の絵です。うれしくてね、この絵が。隣に主人の父親が劇場を持っていて、映画や演劇なんかもしていたんですよ」

僕の大好きなお寺

起床後、いつものように般若心経を唱え、朝夕の日課、ストレッチ体操と瞑想。今日も快晴の中を爽快な気分で歩きはじめる。振り返ると豆粒のようになった女将さんが、まだ見送ってくれていた。このあたりは低い山が多い。

七十一番札所・弥谷寺《いやだにじ》は、個人的にとても好きな寺で、自分の車にも弥谷寺の交通安全ステッカーを貼っていたほどだった。弥谷山の中腹、標高二百メートルの場所にあり、凝灰岩《ぎょうかいがん》の岩山には、阿弥陀三尊などの磨崖仏《まがいぶつ》が、いくつも彫られた神秘的な場所だ。千三百年ほど前、行基が堂宇を建立し、光明皇后が『華厳経《けごんきょう》』をまつって寺院を創建したと伝わる。

この山は古来、死者の魂が集まる場所として信仰を集めてきた場所だ。独特の静寂は、そんなところから来るのかもしれない。

岩壁に囲まれた本堂から集落や周りの山々を一望する。来るたびに異なる場所が、胸に刻まれる寺であるが、今回は大師堂奥にある岩窟「獅子《しし》の岩屋」で密教修法をする空海像の姿が離れがたく、五体投地の三礼をした後しばらくの間、ここで目を閉じて過ごした。大師が幼少時代、学問修行を積んだとされる場所である。納経所で、「獅子の岩屋ピンバッジ」を購入し、リュックにつけて出発した。あらためて空海の故郷である讃岐に入っていることを実感する。

弘法大師を救った釈迦如来

続く七十二番札所・曼荼羅寺《まんだらじ》への道は、三・五キロ。近年、国指定史跡「曼荼羅寺道」として指定され、特に弥谷寺門前からの一キロほどの山道は、古道の景観を保っている。曼荼羅寺は、推古天皇四年（五九六）、讃岐の豪族であり空海の一族である佐伯氏の氏寺として創建された。その後、弘法大師は、唐からの帰朝後、金剛界曼荼羅と胎蔵曼荼羅を安置し、本尊として大日如来をまつったと伝わる。

七十三番札所・出釈迦寺《しゅっしゃかじ》へは〇・六キロで、我拝師山《がはいしざん》を少し登ったところにある。この寺は数ある弘法伝説の中でも、幼少期のハイライト「舎心ヶ嶽禅定」の縁起にゆかりの深い場所だ。大師が七歳の頃、「私は、仏門に入って人々を救済したい。もし私の願いが叶うなら、釈迦如来よ、姿を現してください」とこの我拝師山の崖から身を投じた。すると釈迦如来と天女が現れ、大師を救ったといわれている。

このような話は「弘法大師伝説」としてだけではなく、「自らの恣意性を一旦放棄して、委ねてみる」といった仏教の側面をよく表していると思う。境内では、五名ほどの仲の良さそうな女性グループがお参りしていて、こういった車での「友人遍路」もなかなか楽しそうだ。

山をくだり収穫の終わった田のあぜ道を歩くと、**七十四番札所・甲山寺《こうやまじ》**が見えてくる。そこまでは二・二キロ。昼食をとるタイミングがなかったので、ここで持っていたカロリーメイトやナッツ、本山寺でいただいた饅頭を食べた。

縁起によると、大師がこの地で年老いた聖者に出会い、その言葉にしたがって毘沙門天像を安置したという。また空海が修築を指揮した満濃池《まんのう》の工事では、薬師如来像をまつって工事の完成を祈願したと伝わる。

ついに弘法大師が生まれた場所へ

弘田川を渡り善通寺市の市街に入る。いよいよ弘法大師のお生まれになった地である**七十五番札所・善通寺**にお参りする。寺の院号は誕生院。京都の東寺、和歌山の高野山とならぶ空海の一大聖地といえるだろう。帰朝した大師が建立し、弘仁四年（八一三）に落慶した。寺名は空海の父・佐伯善通《よしみち》から付けられている。

諸堂が並ぶ境内は、御影堂、護摩堂、遍照閣、宝物館などが立ち並ぶ西院と、金堂、五重塔、釈迦堂などのある東院とで大きく二つに分かれた壮大な伽藍だ。

霊場寺院の集まりが毎年行われる寺なので、何度も訪れている寺であるが、お遍路さんとして新たな気持ちで本尊・薬師如来の大きな像を見あげ手を合わせた。

「三密加持《さんみつかじ》すれば速疾に顕《あらわ》る。重重帝網《じゅうじゅうたいもう》なるを即身《そくしん》と名づく」

――仏と私の身と口と意の働きが、不可思議な力を加え応じ合っているから、印契《いんげい》を結び真言を唱え精神集中により、願う目的は速やかに達成される。仏と私の六大と四種曼荼羅と三密が、互いに密接に結びつき、融け合い、帝釈天宮《たいしゃくてんぐう》の珠網《しゅもう》のように無限に重なり合う。そのことを即身という。（弘法大師空海『即身成仏義』）

空海のみた、仏と私とあらゆる存在がお互いを照らし合い、網の目のようにしっかりと結びついた風景。それはゆるやかな「結びつき」というよりも、圧倒的で極めてフィジカルな「一体感」であっただろう。

「身と者、我身・仏身・衆生身、是れを身と名づく」

――つまり「即身」の「身」とはわが身と、仏の身と、人間をはじめあらゆる生き物の身、これらを身と名づける。（弘法大師空海『即身成仏義』）

そして空海の使う「身」という語は、〝自分〟のボディーだけでなく「仏」の身であり、すべての存在の身であった。

僕もそうだが、ここを訪れる遍路のひとりひとりは、その世界を垣間見ることがあっても、常にその境地を携えているわけではない。しかし僕たちの住むこの世界が、圧倒的な生命力と美しさを持つことを思い出すように、人は繰り返しこの四国を訪れ、大師と仏の名前を呼ぶ。それはあらゆる生物と無生物と仏を抱えた我を呼ぶ声でもあるのだ。

善通寺の宿坊に泊まる

今日の宿は、善通寺の宿坊である「いろは会館」(二食付八千円)である。本当は今までも、もっと寺の宿坊に泊まりたかったが、札所の住職がひとりで急に泊まると、お互い気を使うこともあるかもと遠慮していた。しかし善通寺のような本山であれば、建物も広く働いている人も多いので泊まってみることにした。

部屋からは境内が見えて、空海信者にはたまらない景観。天然温泉の広い風呂があって、食事も丁寧な薄味、宿泊者が自由に本を持ち帰れるリサイクル本棚まであって、すっかり気に入ってしまった。寺に泊まることで「お参り」の実感が途切れないような感覚もある。

洗濯をする前に、うす暗い境内にもう一度出ていって、御影堂の前で静かに手を合わせ、自分なりの誓願をたてた。

とても印象的な夜だったので、遍路から戻った後にも、家族と一緒にここに泊まりに行ったほどだった。家族四人で同じように、夜の境内を散歩していると、今まで人生で見た中で一番大きな流れ星が、燃えるように空を横切っていった。学校の図書室で借りた空海の伝記漫画を持参して、すっかり感化された小学三年生の長女が、「あれは大日如来だと思う」と声をあげた。

遍路は終盤が危ない

善通寺の朝のお勤めは六時からなので、四時半に起きて読経など自分のルーティン。御影堂での勤行《ごんぎょう》は八人も僧侶が出仕していて、善通寺の荘厳な雰囲気もあって清々しい時間だった。特に僧侶たちの読経の声が大きすぎず、ゆったりと唱えている印象があって、早速、今日のお勤めの参考にしたいと思う。

そういえば、善通寺であった八十八ヶ所の集まりでの講演会で、講師を務める老僧の案内役をしたことがあった。その僧侶は関西にある寺の住職だったが、休憩時間に「うちの寺に入る坊さんには、必ず歩き遍路をしてもらうんです」と話されていた。その意味が、今になって少し分かる気がする。

大師像に焼香し地下の戒壇巡りも体験した後、朝食を終え出発。あらためて善通寺の境内をお参りすると、昨日の夕方とは、まったく違う朝の空気が流れている。そこで八十歳ぐらいの地元のおじいさんに話しかけられた。

「写真を撮るなら、山門のところがいいよ。寺の名前が入っているからね。このあたりのお参りが終盤になってから転んだり、〝アキレス腱切れました〟みたいな人が多いんだ」

「この後の山ですかね？」

「いえ、やっぱり最後は油断するんよ。この後、気をつけてな」

七十六番札所・金倉寺《こんぞうじ》までは善通寺駅の近くを通り、車通りの多い市街地を抜けて四キロほどの道だ。空海のお膝元ということもあり、やはりこのあたりは札所同士が近い。

金倉寺は天台宗の寺で、空海の甥にあたる智証大師・円珍《えんちん》の誕生した地である。円珍の祖父、和気道善《わけどうぜん》が「自在王堂」と名づけて建立し、その後、開基の名から道善寺とあらためた。それから金倉寺となったのは、金倉郷の地名による。

縁起と関わりの深い、訶梨帝母《かりていも》（鬼子母神《きしもじん》）の信仰から、安産祈願や初まいりの祈願も多く、境内にぎっしりつるされた絵馬は、若々しい字が多い。今日も子連れのお参りが多く、お堂からは太鼓の音が響いていて、活気のある雰囲気だ。大師堂のお勤めでは、善通寺の勤行を思いだし、いつもよりゆっくりお唱えする。

お参りを終えて、すぐ近くに「長田 in 香の香」といううどん屋があったので、早めの昼食にする。人気店らしくすでに車がたくさん停まっていた。定番らしい釜揚げうどん（大四百円、当時）は、大きな徳利に入った熱い出汁と一緒に出され、となりに座った地元の男性が、注ぎ方を教えてくれた。さすがの美味しさ。

多度津駅に近づき、**七十七番札所・道隆寺《どうりゅうじ》**の近くで「お遍路さん、これ息子が作ったんです。荷物になりますけど、よかったら家まで連れて帰ってやってください」と手の平サイズの小さなお地蔵さんをいただいた。傍らに四十歳ぐらいの息子さんも来て、ただニコニコと笑っている。

「この子優しいから、お地蔵さんも優しい顔を作るんです」

縁起によると道隆寺は、和銅五年（七一二）、この地の領主、和気道隆が夜な夜な光る桑の木に向けて矢を放つと乳母に当たって命を落としてしまった。嘆き悲しみながらその桑の木で薬師如来を彫造し供養したところ、乳母は生き返ったといわれる。その後、弘法大師が道隆の息子、朝祐からの願いにより再び薬師如来をまつった。

境内は、ふたつの団体の参拝でにぎわっている。江戸後期の医師（典医）の故事が残るお堂でも手を合わせた。

最後の油断

いくつか川を越え、丸亀市の中心街を通って郷照寺《ごうしょうじ》に向かう。途中のコンビニでトイレを借りたので、ゼリー飲料や乾燥梅干しなどを買って食べた。荷物を降ろすと、想像以上に肩が固まっている。

十六時前、**七十八番札所・郷照寺**に入った。郷照寺の開基は行基で、阿弥陀如来像をおさめた。その後、大同二年（八〇七）に弘法大師が訪れ、厄除けの誓願をしたと伝わる。四国霊場で時宗の寺院はここだけで、時宗開祖・一遍上人も正応元年（一二八八）ここにしばらく留まり浄土教の教えを広めたという。

コンビニで休んだ時から、八日目ということもあり疲れを感じていたが、寺でもかつてないほど身体が重い。じきによくなるだろうと思ったが、本堂で読経をはじめても、すぐに止まってしまうほどだった。民宿岡田でのめまいのような症状の延長なのか、ただの疲れなのか、また別の理由なのか自分でも判断がつかない。

なんとか本堂に灯明、線香を立てて般若心経と本尊真言のみを唱え、大師堂でもいつもより短くお経を唱えた。この体調で宿まで暗い道を歩くのは危険だと思い、二十分ほどでお参りを済ませる。今までも体調の波はなくはなかったが、寺でここまで具合が悪くなったのは、はじめてだった。

「やっぱり最後は油断するんよ」

善通寺で会ったおじいさんの声がよみがえる。考えてみると、「ここまで来られた」という自信から、事前の運動など日々の準備に、ぬかりがあったような気がする。いくら「ゆっくりお参り」といっても、運動不足にもかかわらず毎日歩き続けるということは、それ相応の負担がかかっているはずだった。直前に仕事のことで忙しくしていたのも、よくなかった。

寺を出て宿に向かう。体調は万全ではないが、歩いて身体を動かすとすこし気分が楽だった。しかし念のため途中で倒れても発見されやすいように、遍路道ではなく交通量の多い道を歩くことにした。ポケットには、名前と家族の連絡先を入れておく。

「一体、この不調はなんだろう？」と自分なりにまた考える中で、遍路から吹き出している〝霊気〟と呼ばれるようなものをまとめて浴びて、「湯あたり」に近いような状態でもあるのかな、と想像した。それならば悪いことばかりではないような気がする。

坂出《さかいで》の街に入り、横断歩道を渡っている真ん中で、髭をはやしたおじさんに唐突に、「お接待です」と五百円玉を渡された。「あ、ありがとうございます」となんとか言葉を返した。よっぽどひどい顔をしていたのだろうか。お接待が有難いからだけでなく、自分が情けないからだけでもなく、その他諸々、全部ひっくるめて泣きそうになった。

「法然《ほうねん》に薩般若《さはんにゃ》を具足して、心数心王刹塵《しんじゅしんのうせつじん》に過ぎたり。各《おのおの》五智無際智《ごちむさいち》を具す。円鏡力《えんきょうりき》の故に実覚智《じっかくち》なり」

――人間も動植物も森羅万象も、あるがままに仏の絶対なる智慧を具え持つ。それらの主体となる心、また個別的な心は、限りない塵芥の数を超えている。このような私たちのいかなる心も、もともと仏の五種の智慧に他ならぬ。鏡のように仏智を写すわが心は、真実を覚る智慧を具えて成仏している。（弘法大師空海『即身成仏義』）

『即身成仏義』における空海の偈は、このように結ばれている。あるがままで、あらゆる存在が、すでに仏の智慧を持ち成仏している。でも僕たちはそれが見えず、今日も苦しんでいる。

「ただ、鏡のように」あることができれば、仏であるはずなのに、それを邪魔している〝俺〟がいる。しかし大師の言葉が、今までよりもほんの少し身近に感じるのは、苦しい思いをして疲れ果てた横断歩道で、見ず知らずの人に喜捨を受けたからなのだろうか。遍路という「四国仏教」の場所を思う。

岡田武史さんに教えてもらった禅僧

十七時頃、坂出駅近くの「ビジネスホテル三中井」（二食付四千二百九十円）に着いた。こぢんまりとしたホテルで、丁寧な女性が出迎えてくださる。幸い、フロントの検温でも、持参していた体温計で何度か測っても平熱だった。

明日は楽しみにしていた宿に泊まる予定だった。八十一番と八十二番の間の山中で、曹洞宗の禅僧・野田大燈《だいとう》老師が若き日に立ち上げられた「喝破《かっぱ》道場」の遍路宿だ。僕が遍路を始めた二〇一九年、出版社の企画（『ちゃぶ台』VOL.5、ミシマ社）で元サッカー日本代表監督（現FC今治会長）の岡田武史さんと対談させていただいた。その時、「すごく腹のすわった人」として岡田さんから名前が出てきたのが、神奈川県横浜市にある総持寺で出会ったという野田老師だった。宿では、坐禅指導もあるようだ。やはり強い縁を感じていた。

しかし悩んだ末に、山中で同じような状態になったり、その結果、道場に迷惑をかけてもいけないので、一日予定を早めて明日、今治に帰ることに決めた。早く寝る必要もなくなり、久しぶりに夜のニュース番組を立て続けに観ながら、色々な感情が湧いてくる。

朝起きると、体調は安定している。途中で帰ることにしたのは残念だけれど、同時にその決断に少しホッとした面もあった。「急がば回れ」だ。とはいえ、外に出ると快晴で、元気だったら山登りと坐禅道場の遍路が、どんなに素晴らしかっただろうと想像し、やっぱり悔しさもある。

チェックアウトの準備をしながら、「山の手前の七十九番、八十番だけでもお参りしてから帰ろうかな……」と迷ってきた。しかし汗をかいて帰りの電車で体が冷えてもいけないので、休む時はしっかり休もう。古い密教修法の文献にも「疲れたら休むこと」

という意味の記載があったことが、頭に浮かぶ。

坂出駅九時五十六分発の電車に乗り、今治駅に着いたのは、昼の十一時三十五分だった。苦労して何日も歩いてきた道を、どんどんと電車が駆け抜けていく。今回は、体調もいい日ばかりではなかった。しかし空しさや悔しさだけでなく、弘法大師誕生の地で受け止めた大切な感覚を、しっかりと携えていた。

第八章　旅の終わり

・二〇二〇年十二月四日～十一日

・七十九番天皇寺↓八十八番大窪寺

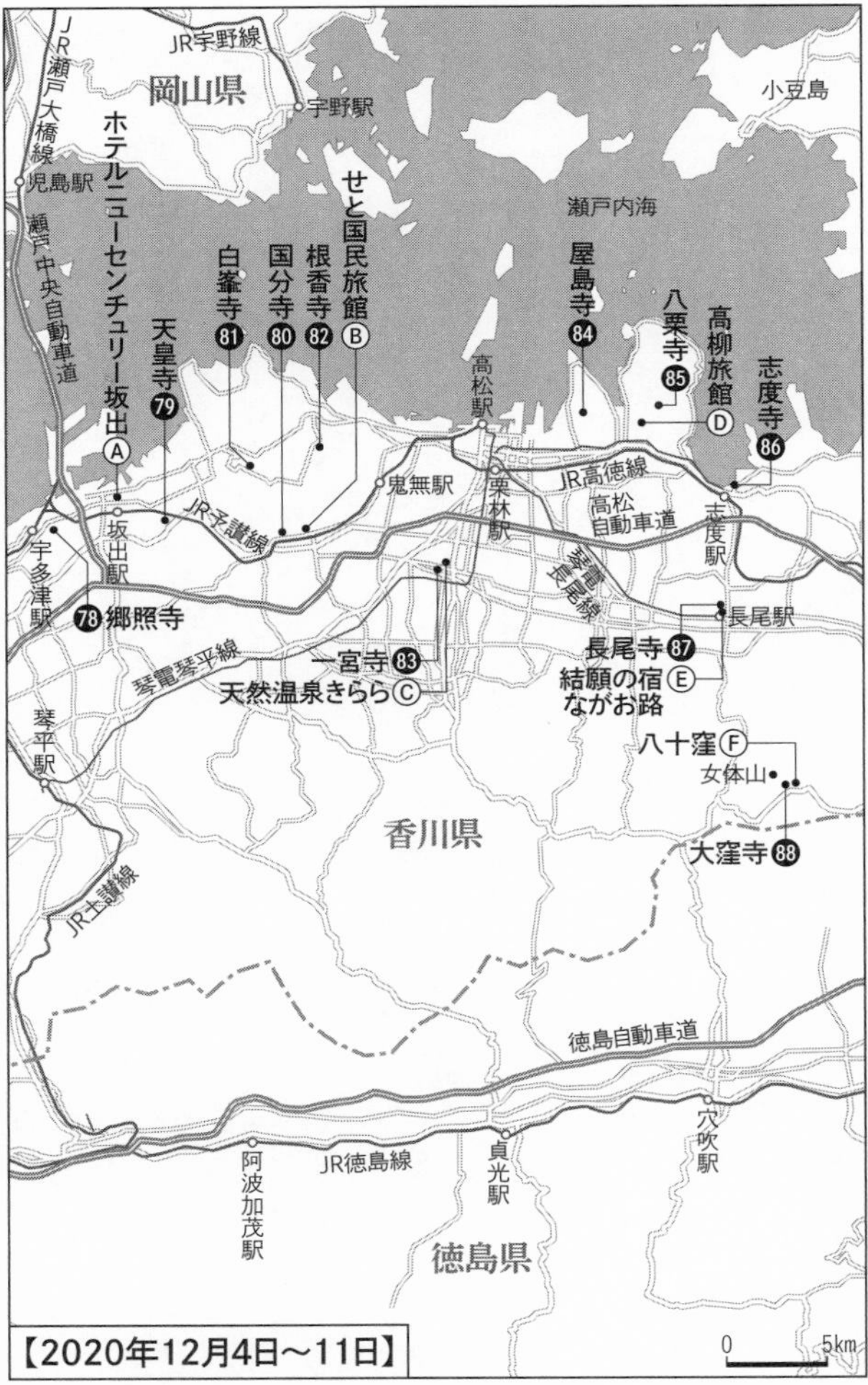
JR宇野線
岡山県
宇野駅
小豆島
JR瀬戸大橋線
児島駅
瀬戸中央自動車道
ホテルニューセンチュリー坂出 Ⓐ
せと国民旅館 Ⓑ
瀬戸内海
白峯寺 81
国分寺 80
根香寺 82
天皇寺 79
屋島寺 84
八栗寺 85
高柳旅館 Ⓓ
志度寺 86
高松駅
鬼無駅
栗林駅
JR高徳線
高松自動車道
志度駅
JR予讃線
坂出駅
宇多津駅
78 郷照寺
琴電長尾線
長尾駅
長尾寺 87
結願の宿ながお路 Ⓔ
琴電琴平線
一宮寺 83
天然温泉きらら Ⓒ
八十窪 Ⓕ
女体山
琴平駅
香川県
大窪寺 88
JR土讃線
徳島自動車道
穴吹駅
JR徳島線
阿波加茂駅
貞光駅
徳島県
【2020年12月4日～11日】
0
5km

青春を過ぎても

二〇二〇年十二月四日、「コロナ禍の中で除夜の鐘はどうするか？」「檀家の家をまわっている正月参りは？」など、年末年始にかけての方針を決めて、十四時過ぎに今治駅を出発し、香川県の坂出駅に向かう。予定通りいけば、今回の遍路で最後の八十八番札所までお参りできる予定だ。前回最後に泊まった「三中井」が満室だったので、駅から歩いて十五分ほどの「ホテルニューセンチュリー坂出」を予約（素泊まり二千九百九十円）。今回も「ＧｏＴｏ」の割引適用となる宿がいくつかある予定だ。

明日の宿は、前回泊まることのできなかった「喝破道場」に電話したが、土日は遍路宿をやっておらず断念した。またいつか泊まりに行ってみたい。宿に着いて、明日と明後日の宿を予約しておく。

考えてみるとリュックを背負った「長い旅」は、十代や二十代の特権のように思ってきた。そういう旅を今まで経験したことのなかった自分にとって、四十歳を過ぎても、この巡礼という仏教の旅があったことがうれしい。

郷照寺に再び参拝

五時に起床し、今回もまずは布団の上で正座して読経する。昨晩は、夜中に目が覚めた後、珍しくなかなか眠れなかった。ホテルで食べることにしていた朝食が七時からなので、しばらく持参していた仏教関係の文庫本を読む。

八時過ぎ坂出発の電車に乗って、五分ほどの宇多津駅に行き、前回体調を崩した七十八番・郷照寺にもう一度じっくりお参りする。快晴の中、元気に郷照寺に「帰って」来られたことで、今までとはちがう種類の喜びが込みあげてきた。

仏教や密教には、「行く」と共に「帰る」という〝動き〟が、その思想において、目に付くことがある。「起きるを生と名づけ、帰るを死と称す」。葬式で伝え続けてきた大師の言葉が、胸に浮かぶ。『般若心経』の最後の真言部分「ギャテイ（ガテー）」にも、「行く」と「去る」両方の意味がある。四国遍路においても僕たち巡拝者は、ただゴールへ向かうというよりも、どこかへ帰ろうとしているのだろうか。

納経帳に、もう一度印を押す「重ね印」をいただき、宇多津駅近くのコンビニで指を出せる手袋を買うと、レジの女性から「結構、寒いですもんね」と言われた。白装束のお遍路姿をしていると、不思議とよく話しかけられて、こちらも誰かによく話しかける。駅の構内を歩いていると、自転車に乗ったおじいさんが、僕を背中から追い抜く時に、「お遍路か。情けないの。恥さらしや！」と怒鳴った。遍路でそんな経験をしたのは、初めてのことだった。腹も立つし、なによりもびっくりしたが、遍路が終盤になり「経験するべきこと」が一気に押し寄せて、それを受け止めているような気もした。

坂出駅まで戻る切符を買おうと列に並ぶと、「お遍路さんか。気で分かったよ。気をつけてね。気で分かったよ……」と、上下ダメージジーンズの五十歳ぐらいの男性から声をかけられた。なにやら冒頭から、濃いキャラクターが続く。

再び七十八番札所・郷照寺（香川県宇多津町）に参拝する著者

坂出駅に戻り、歩き始めるとすぐに大きなスーパーの近くで、「ちょっとお遍路さん」と高齢のおじいさんから、また呼び止められた。彼は、ズボンのポケットから、手の平いっぱいの一円や五円を取り出すと、「これ、お供えにしてください」と僕にお金を渡した。のせられた小銭を手に、しばらく立ちつくす。やはり遍路では、僕たちが普段当たり前に触れている生活と少し違う空気が流れている。この感覚を、もっと日々の生活の中に取り入れることはできないだろうか。

今までの巡拝を通じて感じたことや胸に刻んだ弘法大師の言葉は、四国遍路という場所だけでなく、あらゆる僕たちの人生に繋がっていると思い始めていた。

十一時前に**七十九番札所・天皇寺《てんのうじ》**に着いた。行基によって開創され、この地で湧き出る聖なる水と出会った空海によって中興された寺である。保元の乱（一一五六）により讃岐に配流された崇徳上皇《すとくじょうこう》が、四十六歳で崩御した後、境内に霊を鎮めるための崇徳天皇社が造営された。お勤めの時、先ほどのおじいさんから託された小銭を賽銭箱にすべてお供えする。

線路に沿って七キロほど歩いて**八十番札所・国分寺《こくぶんじ》**へ。境内には創建当時（奈良時代）の金堂や七重塔の礎石が数多く残っている。国分寺は、聖武天皇の勅命によって行基が開基した。その後、弘法大師が本尊を修復し霊場と定めるが、「天正の兵火」で多くの堂塔が焼失。鎌倉時代に再建された本堂、創建当時の鋳造と伝わる梵鐘は重要文化財で、旧境内の全域が四国で唯一である国の特別史跡だ。

参道ですれ違ったお参りの二人に、「こんにちは」と声をかけると、車椅子に乗っている若い女性がにっこり笑って「こんにちは」と声を返してくれた。それを押す男性とも会釈を交わす。

大師堂を拝む前に、霊場寺院の集まりでよくお会いするご住職に出会い、お勤めが終わった後、お寺の中に上げていただいて、現在、寄進を募って制作中の大日如来像の構想や、京都で求めたという鐘の音を聞かせていただきながら、一時間半ほど話した後、最後に本堂の中で一緒に手を合わせた。

今日の宿は、寺から近い「せと国民旅館」(二食付五千八百円)。夫婦で歩き遍路をしている二人も泊まっていた。

「退職したら、遍路をするのが夢という人も、都会にはずいぶん多いみたいですね」

「あ、それ私だ。八十歳以上で歩いている女性も結構いますよね。びっくりしちゃうよ」

夕食を食べながら、三人でずいぶん話した。

しかし、「なぜお参りしているのですか?」と聞かれたことは、遍路中一度もなかった。よく耳にする遍路の不文律のひとつに、「遍路をしている理由を安易に聞かない」

というものがあるのだ。人には言葉にできないことがある。見ず知らずの人たちが親しく話しながら、一線を大事にする遍路の智慧だと思う。

「なんだか最後が近くなってきて淋しくないですか?」

天皇陵のある寺

朝食を食べながら、宿の主人から「白峯寺《しろみねじ》まで二時間、根香寺《ねごろじ》まで一時間半ぐらいかな」と今日のお寺までの目処を聞く。この二つのお寺は、ともに山を登ることになる。今日も快晴で朝靄の中、低い山を見下ろす景色が美しい。しばらく自衛隊演習場のフェンスに沿って歩き、遍路道にくくりつけられた「三千世界は無数の世界」という手書きのプレートを眺め、ちょうど二時間で**八十一番札所・白峯寺**に着いた。

白峯寺は、霊峰五色台「白峰」の中腹、標高約二百八十メートルに位置し、弘法大師がこの地に如意宝珠を埋め、井戸を掘って衆生済度を祈願したと伝わる。その後、智証大師・円珍が本尊をまつりお堂を創建した。崩御した崇徳上皇は、この地で荼毘に付されたため、頓証寺殿《とんしょうじでん》の奥には四国唯一の天皇陵である白峯御陵《しらみねのみささぎ》がある。天皇と縁の深い歴史をみると頷けることではあるが、山中にもかかわらず、奥行きのある不思議な威厳

香川県高松市にある八十二番札所・根香寺

を持った寺である。

山をくだり、舗装路に出ると小さな食堂「みち草」があったので、早い昼食の親子丼。また山道を登り、白峯寺から五キロの場所に**八十二番札所・根香寺**はある。五色台の「青峰」の中腹にあり、標高は約三百六十五メートルと白峯寺よりもさらに高い。弘法大師は、五色台の五つの山々に五智如来を感得し、この山に「花蔵院」を建立した。その後、智証大師が訪れた時に、山の鎮守・一之瀬明神に出会い、霊告を受け千手観音をまつる「千手院」を建てた。

山門をくぐると石段を下り、平地の石畳を歩いた後にまた登るという独特の伽藍の構造で、参道の周辺に色づいた紅葉の木々が立ち並ぶ景観が雄大だ。山上は冷えるのでお勤めの際には、白衣の下にダウンジャケットを着てお参りする。木々から漏れる日の光がありがたい。境内はあくまで静かであるのに、木々と寺からざわめくような生命の躍動を感じる。

「内外の諸色《しょしき》、愚に於ては毒となり、智に於ては薬となる」
――身心と外界のもろもろの色が、愚者にとっては煩悩の毒となり、智者にとっては、さとりの薬となる。（弘法大師空海『声字実相義』）

空海にとって、認識の対象となる物質的存在の「色」は一概に悪しき煩悩を呼ぶものではない。その弾ける命の力は、身心を立ち上がらせる原動力ともなる。

根香寺を後にして歩くと、山路からは瀬戸内海と島々がよく見えてきた。鬼無《きなし》駅までおりて、住宅街に入り高速道路の下をくぐる。寺から三時間ほど歩いた十五時二十分頃、**八十三番札所・一宮寺《いちのみやじ》**の山門をくぐる。このあたりは既に高松市街の近くだ。

一宮寺は、大宝年間（七〇一～七〇四）法相宗の僧、義淵《ぎえん》によって開かれた。その後、行基によって堂宇が修復され、弘法大師が大同年間（八〇六～八一〇）に訪れて聖観音菩薩像を彫造し真言宗にあらためた。讃岐の一ノ宮・田村神社の別当寺であった時代もある。

境内のベンチで休んでいると、東京から来たという同世代の歩き遍路さんがいた。

「僕は、一時間五キロのペースで歩いています。あらかじめすべての宿を予約して、四十日ぐらいで全周します。朝食は毎日、インスタントの大盛焼きそばで、昼は食べません。座りもしません」

「全部、宿を予約しているなんて段取り上手ですね」

「いえ結局不安なんですよ、僕は」

納経所で副住職さんにお会いすることができ、境内にある建築家による新しい永代供養堂について話をうかがう。

今日の宿「天然温泉きらら」（素泊まり三千二百十八円）は、いわゆる街のスーパー銭湯的な施設で、泊まりの場合は、近くにある小さなマンションのような建物に泊まる。和室で部屋にトイレもあり、なかなか快適そうだ。お腹が減ったので、風呂に入る前にきららの食堂で夕食を食べることにする。温泉に入って部屋に戻り、八十八番までの宿を予約することができた。

源義経の古戦場

今日はゆっくりできる日程なので、六時に起きるつもりが少し前に目が覚めた。きらの食堂の和朝食が七時からなので、それを待って「おにぎりモーニング」を食べる。建物の外に出ると快晴。

ここからさらに高松の市街地に向けて川沿いを歩いてゆく。二時間ほど歩いて、遍路地図に「ランチ」と書き込んでおいたセブンイレブンがあったので、ここで弁当を買ってリュックに入れておいた。昨晩、想定していた今後の宿計画を見直し、一泊増やして余裕のある計画にしてあるので、精神的にもゆったりした気分だ。

詰田《つめた》川と春日川の橋を越えて、だんだん山の緑が増えてゆき、坂をのぼると広大な伽藍が開け、**八十四番札所・屋島《やしま》寺**がある。

屋島寺は火山台地の半島（もとは島であった）屋島の南嶺にあり、標高約二百八十メートル。天平勝宝六年（七五四）に、鑑真和上《がんじんわじょう》がこの地に立ち上る瑞光を感得し普賢堂を建て、のちに鑑真の弟子である恵雲《えうん》律師が堂塔を建立して「屋島寺」とした。弘法大師は、北嶺にあった伽藍を南嶺に移し、十一面千手観音を本尊としてまつったと伝わる。

屋島は、安徳天皇の行宮《あんぐう》を構えた場所で、源義経の活躍した源平合戦における古戦場である。

宝物館で本尊に手を合わせ寺を出発すると、晴れていることもあり屋島から瀬戸内海を見渡す景色が素晴らしい。このあたりは、以前よりも観光客が減少傾向にある印象ではあるが、国や地域の歴史と深く結びついた風光明媚な場所だ。「また訪れたい」という場所が、遍路では何ヶ所もあった。屋島はそのひとつだ。

山の伽藍

自分が今、歩いている道が遍路道かどうか自信を持てなくなり、通りかかった地元の人に尋ねてみる。

「ここ遍路道ですよね？」

「あのな、この先にお地蔵さんがあって、そこを下ったら遍路道と書いてあるから」

十五時に次の寺、八栗寺《やくりじ》の麓にある「高柳旅館」（朝食付五千五百円）に着いた。昔ながらの木造の宿で、年季の入った看板が、古くから遍路宿であったことを彷彿とさせる。

夕食に宿近くのうどん屋、山田家に行くと建物が重厚で、想像以上に落ちついた雰囲気だった。そういえば石彫家・和泉正敏さんに会いに、近くのイサム・ノグチ庭園美術館を訪れた時、和泉さんがここに連れてきてくださり一緒にうどんを食べた記憶がよみがえる。相談していたつくばいの計画は、そのままになってしまっていた。やれることは、やれる時にしなければ。

朝、六時二十分に宿の人が、「お客さん、ごはん出来ていますよー」と声をかけてくださり朝食。食堂には、この宿がＮＨＫの遍路ドラマ「ウォーカーズ」のロケ地になった際のサイン色紙が並んでいる。音楽を細野晴臣さんが担当しているようだった。

八十五番札所・八栗寺へは標高三百七十五メートルの五剣山を登るケーブルカーが出ている。

「歩き遍路さんでしたら乗りませんよね？」

発車間際だったようで、乗り場の建物から人が出てきて声をかけられる。

「乗らないのですが、お土産をみてもいいですか」

寺には、三十分ほど登ると着いた。本堂の背後に水墨画のような山容を構え、透き通った空気が流れている。ここにきて特に印象深い霊場が続く。遍路の旅もクライマックスに近づいているようだ。

八栗寺は五剣山の中腹に位置する。弘法大師がこの地で求聞持法を修法した際、五振りの剣が降ってきて、蔵王権現が「この山は仏教相応の霊地なり」と告げた。大師はその剣を山中に埋め、鎮護に大日如来を刻んだ。

聖天堂、護摩堂、中将坊堂《ちゅうじょうぼうどう》、大師堂、多宝塔、本坊などが山内に点在し、山に伽藍があるというよりも山全体が伽藍であるというような印象を受ける。遠くに修法を終えたご住職の背中が見えた。この寺とは近年、有難い繋がりをいただいたので、本堂で手を合わせその御礼を祈る。

力みのない善行

山をくだると志度湾が見えてきた。すれ違う地元の人が、「こっちですよ」と行き先を指さしてくれる。道の駅で休んでいると、関東ナンバーの車から女性が降りてきて、「がんばってね」とみかんのお接待をいただく。再び大きな道路を歩き始めた所で、民家の窓から男性が顔を出し、「そこの道は、ななめに入るよ！」と大きな声をかけてくださった。せまい遍路道に入るのを見逃していたようだった。

「能所《のうじょ》の二生《にしょう》ありといえども、都《すべ》て能所を絶せり」

――「生み出すもの（能生）」と「生み出されるもの（所生）」との二者があるといっても、本来、すべてそのような「なす」と「なされる」との対立を離れているのである。（弘法大師空海『即身成仏義』）

このあたりで声をかけてくださった人たちに、「いいことをしている」というような力みは感じない。ただ当たり前のように、お遍路さんを励まし道を伝えてくださるので、それを受けとる僕もごく自然な気持ちでいることができた。四国遍路にある街、人、自然、そして仏が繰り返し最後までの旅路を励ましてくれる。

この地で生まれた平賀源内ゆかりの源内通りでは、旧邸から、菩提寺である自性院の墓にもお参りして手を合わせた。

五重塔を仰ぎ見て、**八十六番札所・志度寺《しどじ》**に着く。このあたりは、広大な札所が多い。伽藍には緑があふれ、街中に近い寺にもかかわらず常に鳥の声が聞こえる。志度寺は、推古天皇（在位五九二～六二八）の時代、尼僧・凡薗子《おおしそのこ》が志度に漂着した霊木で、十一面観音を彫ったのがはじまりと言われている。その後、藤原不比等が妻の墓を建立し、

「死渡道場」と名づけられた。のちに、不比等の息子・房前が行基とともに諸堂を再興し、「志度寺」にあらためた。

お勤めの後、書院正面の重森三玲による枯山水「無染庭《むぜんてい》」を見学し、次の寺へ向かう。途中の玉泉寺で、先ほど家の中から遍路道を教えてくれた男性がいて、「また会いましたね」と声をかけられた。

「僕は地元なんですが、今、歩き遍路をしていて、この前は高知を歩いてきたんです。八十八番の後どうされるんですか？」

別れて車で追い抜く時に、また停まって窓から手を伸ばし、缶コーヒーをお接待してくださった。

「それから八十八番は、ぜひ女体山を登ってください。絶景ですから」

十五時頃に八十七番札所・長尾寺《ながおじ》に着いたが、明日の行程は余裕があるので、体を休めるためにお参りは明日にまわし、門前の宿「結願の宿ながお路」（一食付六千九百三十円）に入ることにした。お遍路さんだけでなく、電気工事業者の人たちも泊まっていて、今までの宿に較べると、比較的新しい建物だ。周辺には小学校や駅、郵便局、市役所の出張所がある。

風呂に入って、向かいの建物へ洗濯に行っていると、うす暗い中で歩き続ける若い女性のお遍路さんがいた。

「私は歩けるところまで歩いて、宿まで電車で帰って、翌朝またその駅に戻ってくるんです」

八十八番の山を登る

五時に起き、すぐに読経。すっかり習慣になり今回も続けている。朝食後、長尾寺の境内を少し散歩する。結願の八十八番に向かう今日も、幸い晴れているようだった。

宿を出発し、すぐ前の八十七番札所・長尾寺をあらためてお参りする。長尾寺の本坊は明治維新後、学校や警察、郡役所としても提供されていて、地域の中心にある雰囲気を今でも感じる。源義経との恋で知られる静御前が得度した後、髪を埋めたと伝わる剃髪塚がある。開基は聖徳太子との言い伝えもあるが、行基が柳の木で聖観音菩薩を彫り本尊としたとされている。

お勤めをしていると読経の声が堂内からも聞こえてくる。いつもなら、諸々の祈願をするところだが、ふと具体的な願いを口にするのをやめ、ただ手を合わせて、その場に流れているものを感じ、静かにたたずんだ。

大窪寺《おおくぼじ》に向かって一時間ほど歩き、道中、何度か立ち寄ることを勧められた前山の「おへんろ交流サロン」を訪れた。遍路の古い資料や納経帳などをみることができ、お接待をした地元の人が、お遍路さんから受けとった納札を俵に入れて、家に吊していたという「俵札《たわらふだ》」は、自分が幾度もお接待を受けた後なので、特に印象深い。職員の女性が、次から次に訪れるお遍路さんに笑顔で対応されている。

「ここに来る人も、コロナ前は二割が外国人でした。イタリアのお医者さんは〝院長はエーゲ海だけど、僕は遍路にした〟って。次のこの道で、スズメバチが出ましたから、できたらこっちを通ってくださいね」

今から標高約四百四十五メートルの大窪寺に登ると早く着きすぎるので、道の駅「ながお」で前山米を買って栄福寺に送り、昼食に簡単なバラ寿司を買って食べる。

そして十一時半にいよいよ八十八番に向けて歩き始めた。交流サロンでもらった地図では、丁石の残る「旧へんろ道コース」をはじめ五ルートが紹介されていたが、女体山を登る「多和神社コース」を行くことにする。

書き込みを入れた地図をヒップポケットに入れて、未舗装の山道を進む。やはり最後

女体山山頂からの眺め。ゴールは近い

の山は気持ちが違うようだ。上り坂の苦しみよりも、四国中を歩いてきた感慨が込みあげてくる。しかし山頂前は想像していたよりもずっと難所で、岩をよじ登るような所もあった。「足下がぐらついてないか、よくたしかめながら」——さきほどの交流サロンでのアドバイスに助けられる。

二時間ほどで、山々を見下ろし大きく街と空が開けた七百七十四メートルの女体山の山頂付近に立つ。出てきたのは言葉ではなく、「おー！」という歓声だった。

「大虚寥廓《たいきょりょうかく》として円光遍《あまね》し　寂寞無《じゃくまくむ》為《い》にして楽しきや不《いな》や」

——大空はがらんとして仏陀の放つ光は遍

く輝き、ひっそりとして作為のない生き方は楽しいではないか。（弘法大師空海『遍照発揮性霊集』巻第一）

しばらく無言でただ景色を眺めていると、「少しずつでも毎日歩けば、思っている以上に遠くに来られるものだな」とシンプルなことが心に浮かんだ。その風景に向かって、般若心経を唱え、釈迦如来、大日如来、阿弥陀如来の真言、「南無大師遍照金剛」、南無《なむ》一切有情《いっさいうじょう》、南無三界万霊を唱え、祈る。

結願――月に大師を観じ

注意深く山を下りてゆく。今まで大きな山の下り坂で何度も転んできたが、今日は転ばなかった。

遍路で何を得たか、ということではなく、ここからが始まりなのだろう。やはり僕は、最初に「帰って」きた気がする。そして四国を歩いた日々は、「今生の思い出」だとまた感じた。

地図には三時間と書いていたコースを二時間半で歩くことができ、八十八番札所・大窪寺に着いた。思わず頭にかぶった菅笠を取って、本堂に向かい深く一礼。

大窪寺は山の中腹にあり養老元年（七一七）行基が開基し、草庵を建て修行したと伝わる。弘法大師は、この寺の奥の院で求聞持法を修法し、本尊薬師如来をまつった。大師が独鈷杵で杉の根元を加持すると、本尊に捧げる清水が湧き出たという。歴史の中で多くの兵火、火災にあってきたが、そのたびに再興した。

本堂でいつものお勤めを終えた後、今までは特に自身の先祖供養を拝んできたわけではなかったので白川家、父方の上野家の先祖供養を拝んだ。本堂の隣に栄福寺の本尊でもある阿弥陀如来をまつったお堂があり、その前で「阿弥陀如来根本陀羅尼《こんぽんだらに》」を唱え、阿弥陀の真言。大師堂であらかじめ記入しておいた納札が切れたので、今回だけ名前の上に「栄福寺　護持」と書き加えた。

大師堂ではこれまでの寺と同じようにこの寺の歴代住職、この地を守る神、集まっている霊、一切の生命に祈りを捧げ、遍路によって人々に功徳があることを祈願した。

そして手に智拳印を結び、心の中に月を思い浮かべて、そこにゆっくり梵字の「ア」の字を書く。その上から弘法大師にア字を上書きしていただいたと観じ、その月を胸中に納めた。

納経所を出ると、結願をした団体のお遍路さんが足場を組んで並び、楽しそうに記念写真を撮っている。

お祝いの赤飯

寺の門を出ると土産物屋が並び、集まったお遍路さんたちでなかなかの賑わい。静かな札所もいいけれど、こういう人が行き交う姿もまた四国霊場らしい。今日の宿である「八十窪《やそくぼ》」は、大窪寺門前の宿（二食付六千五百円）。柔和な女将さんと、話し好きの大女将八十八歳が元気に迎えてくれた。道の駅で会った夫婦が、なかなか宿に着かないのを心配していたけれど、僕が風呂に入った後、あらためてうす暗い夕方の境内をお参りしていたら到着した。

結願！　香川県さぬき市にある八十八番札所・大窪寺にて

夕食には、結願の夜ということもあってお祝いの赤飯が出た。そこで大女将が戦後まもなく十八歳の時に歩いたという遍路の話を聞く。

「草鞋《わらじ》は一日三足つぶれるから、自分で作る。ワラはいっぱいあるから、みんなくれるんよ。だから手でワラを抱えてね」

「僕は坊さんなんです」

珍しくふと僧侶であることを自分から伝えた。

「娘が言うてたんよ。たぶん、あの人坊さんやって。話を聞いてみたいって」

八十八番のあと

五時十五分に起床。読経は、今日もすることにした。朝食後、宿に泊まっている人たちとお茶を飲みながらゆっくり話した後、出発の準備をする。最後に女将さんから声をかけられた。

「五十七番の栄福寺さんですか？　宿帳の住所でわかりました」

宿を続ける中で、数多くのお遍路さんを支えてくださっていることへの感謝を伝え、八時四十分に出発。今まで、「朝ゆっくりスタートすると、すべてが遅くなる」と注意してきたけれど、今日のようにゆっくりお茶をしながら誰かと話すのも豊かな時間だ。

八十八番の後、どうするかは、ここ数日考えてきた。コロナがなければ、そのまま高野山に行くところだが、今回は長距離移動は避けることにした。今まで出会ったお遍路さんにも色々な話をきいた。再び一番札所まで歩いて御礼参りをする人も少なくない。「せっかくなので四国を一周ぐるりと歩きたい」という意味でも、一番札所まで歩こうと思っていたが、「八十八番さんから近い、十番札所まで歩いても一周できますよね」と途中で言われ、厄除け祈願の御礼参りもあるし、今回はそうすることにした。

切幡寺までは十八キロほど。昼食をコンビニで食べて、十三時四十分に十番札所・切幡寺に帰ってきた。本堂と大師堂でお勤めした後、二重塔に行って大日如来の真言を唱える。最初に参った時には気づかなかった「奥之院　八祖大師　是より八〇米」という標石を見つけ、山道を少し歩くと真言密教の八祖をまつった小さなお堂があったので、そこで五体投地の礼拝をした。そして再び塔に戻って、数珠を繰り大日如来の真言を百八遍唱える。帰りに不動堂を経由して栄福寺での護摩復興を祈願し、不動明王の真言。納経もいただく。

宿の「ビジネスホテル八幡」（朝食付六千六百円）までの道にある巡拝用品店で、今まで菅笠を固定するのに便利だった「ワンタッチあご紐」を再購入。また遍路に行きたいと思っている自分がいるようだ。

翌朝、徳島県の鴨島駅まで歩く途中、快晴のもと大好きな吉野川を渡る。大きな風景だ。この川を渡って帰るのも、なにかのはからいだろうか。鴨島駅を九時二十一分に出て、阿波池田、多度津を経由して今治駅に十二時四十一分に着いた。

栄福寺までは歩いて帰ることにした。横断歩道で停まってくれた車は、知り合いのお坊さんだった。窓を開けて顔を出し、「お疲れ様でした～」。

また少し歩くと、自転車に乗ったおじさんに呼び止められた。

「どこからですか？」

「今治なんです。八十八を終えて戻ってきました」

「これお接待です」と五百円玉を渡される。

「私も区切りで参ったんだよ。気をつけてね」

住職をつとめる五十七番・栄福寺の空も晴れわたっている。そこには今日もお遍路さんの姿があった。本堂と大師堂でお勤めをして、重ねの納経をしてもらい「住職、お帰りなさい」と声をかけられる。

こうして僕の初めてとなる、歩き遍路が終わった。

高野山へ

四国遍路の結願からずいぶん経って、コロナの感染者数が減っていた二〇二二年五月十六日、長年、毎月参加している高野山での弘法大師、著作勉強会に久しぶりに参加した。その時、納経帳を持参し今でも空海が入定《にゅうじょう》（瞑想の境地に入ること）されていると信仰される奥之院にお参りして、ようやく納経帳一ページ目に「弘法大師」と書いていただくことができた。四国遍路では、結願後に高野山に参拝する人が多いので、僕の納経帳の最初には高野山で授かるための空海の場所があった。そして結願記念に仏具屋で、香木の念珠を購入した。

勉強会では、学道修行（勧学会《かんがくえ》）の師になってくださっている、日本を代表するような学僧のお話を数名で間近に伺うことができる。

遍路に行く前に、三人の僧侶に歩き遍路での心構えを伺う機会があった。お慕いする禅僧は、「自分なりのテーマをもって歩いてみてはどうでしょうか？」と答えてくださった。遍路関係の著書も多い僧侶は、「腹が立つことがあっても、相手の仏性をみて、とにかく怒らないことです」という言葉であった。

最後に伺ったこの高野山の学僧は、「それはあなたが、これからお遍路さんに説くことですよ」と応じられた。

今日のテーマは、空海の『弁顕密二教論』だ。発表者の発表の合間、師が雑談のような口調で話される大切な話をいつも楽しみにしている。

「普通はね、〝対機説法〟のように、聞く人に応じて仏法を説くほうがいいと思うでしょう。でも密教では、〝自分で気づく〟ということを、極めて大切にするんだ……」

ふと口にされた言葉に、師が「遍路の心構え」を僕に直接的には説かれなかったことの意味が、染み渡るように伝わってきた。「それは、あなた自身が四国で体験してきなさい」という意味だったのだ。

「秘蔵の奥旨《おうし》は文《もん》を得ることを貴しとせず。唯《ただ》心を以て心に伝うるに在り」

――秘密の法蔵の奥義は、文章を得ることのみを貴《とうと》しとはしない。ただ、心から心に伝えることが大切である。（弘法大師空海『続遍照発揮性霊集補闕鈔《ほけつしょう》』巻第十）

密教では、その場、その場にある「生《なま》」の体験を重要視する。それは四国遍路でも同じことだ。つまり「私」の気づきを大切に重んじる。

我と仏とすべての存在を繋ぎ直し、時に「〝オレ〟を手放せ！」と説きながらも、決してひとりひとり、ひとつひとつの「我」や「個」を否定しない。それを全身で感じることができれば、「帰る」場所は、必ずしも元いた場所ではない。

「咄哉《ああ》　同志　なんぞ優遊せざる」

——ああ志を同じくする者よ、どうしてのんびりと遊ばないのか。（弘法大師空海『遍照発揮性霊集』巻第二）

愛媛に戻り、その教えを繰り返し思い浮かべながら、栄福寺の御本尊の前に念珠を置き、合掌をした。

おわりに

四国遍路を歩いてお参りしたのは、「はじめに」でも書いたように「八十八ヶ所の全体像を肌で感じたい」という漠然とした思いからだった。しかし、いざ実際に体験してみると、そこには、日本の精神性や世界の宗教文化にとって、とても大切な存在があると気づくことになった。本書では、その代えがたい存在を「四国仏教」と呼んでみた。弘法大師・空海が残した真言密教は、インドで生まれ中国に渡った仏教の伝統を連綿と継ぐものでありながら、日本に住む人達がそれよりも古くから持っていた自然崇拝や民間信仰と深い結びつきがある。それを文字に書かれた「思想」からだけではなく、大師の聖地に身をゆだねながら、体ごと知ることができる四国遍路を、多くの人が「心の故郷」のようだと直感的に感じてきた。

のみならず、遍路には学術的な文献に残ることのないような、ささやかな日々の営みが続いており、道中での会話や食事、土地の名産や風土、すべてを含めて率直な「楽しさ」があるのも見逃せない。

世界の巡礼の中で、スタートからゴールに直線的に向かうのでなく、遍路のような円環をぐるぐると廻る、いわゆる「回遊型巡礼路」は稀である。〝行く〟ようであり、〝帰る〟ようでもあり、またそのどちらでもないような不思議な道のりが貴重であるからこそ、世界から人々が集まるという新しい遍路文化が開かれようとしている。

遍路では、長い距離を移動し、丁寧に死者を悼《いた》み、聖なるものに祈りを捧げる。それはかつて人々が繰り返し行ってきたことである。そのことを「思い出す」ように取り戻すことで、人間性のバランスを再調整できるような功徳を感じ続けた。

各札所寺院の成り立ちである「縁起」について触れることが多くなった。これは現代から見れば文献上の「歴史」とは、相違することもある。しかしその信仰による神話性と歴史が入り交じった様子こそ「遍路らしい」と感じ、記載することにした。その歴史や縁起も、書く人、語る人によって様々な内容があることを申し添えたい。

〝戦後最大の思想家〟とも評される吉本隆明と、映画『男はつらいよ』で主人公の「寅さん（車寅次郎）」を演じた俳優・渥美清の四国遍路についての言葉が残されている。

吉本さんは著書（インタビュー集）の中で、「足がよくなったら行ってみたい」と話し、「つまり若者もちょっと息苦しくてしょうがない。（略）お遍路に行くほうが利口だなと。（略）奉仕してくれる土地の人もいるし、なかなかよくできているらしい」（『よせやぃ。』）などと語っている。たしかに遍路は「息苦しさ」の通気口のような存在でもある。

渥美さんが嗜んでいた俳句（俳号は風天）の句会で最後の日に詠んだ句は、

お遍路が一列に行く虹の中

であった（『風天《フーテン》―渥美清のうた―』森英介）。このように人々の中で、「いつか行ってみたい」と、おぼろげにイメージされる遍路もまた四国遍路の姿なのだ。

この本の執筆にあたり編集を担当してくださったのは新潮社の金寿煥さんである。彼の文壇ならぬ「仏壇」に対する幅広く、ほとんど執念と思えるほどの継続的な思いがなければ、このような形で四国遍路を紹介する機会は訪れなかった。

車であっても、団体バスであっても、自転車であっても、――もちろん歩きであっても、皆さんには、ぜひ四国遍路をお参りし体感してほしい。

二〇二三年一月　白川密成

【参考文献】

『訳注 弁顕密二教論』
『訳注 般若心経秘鍵』
『訳注 吽字義釈』
『訳注 声字実相義』
『訳注 秘蔵宝鑰』
『訳注 即身成仏義』
（以上「訳注 空海の著作シリーズ」は、すべて松長有慶、春秋社、二〇一八〜二〇二二年）
『弘法大師空海全集』〔第二巻・第六巻〕（弘法大師空海全集編輯委員会編、筑摩書房、一九八三年、一九八四年）
『三教指帰ほか』（福永光司訳、中央公論新社、二〇〇三年）
『漢和対照 十巻章』（中川善教編著、高野山出版社、一九七七年）
『先達教典』（四国八十八ヶ所霊場会編集・発行、二〇〇六年）※公認先達のみに頒布
「四国八十八ヶ所霊場会」公式サイト　https://88shikokuhenro.jp
『最新 四国八十八ヵ所遍路』（川﨑一洋、朱鷺書房、二〇〇六年）
『四国「弘法大師の霊跡」巡り』（川﨑一洋、セルバ出版、二〇一二年）

『四国遍路パーフェクトガイド』〈徳島・高知編〉〈愛媛・香川編〉（講談社編、講談社、二〇一〇年）
『四国遍路ひとり歩き同行二人〈地図編、第十一版〉』（宮﨑建樹、へんろみち保存協力会、二〇一六年）
『四国お遍路バックパッキング』（ホーボージュン&BE-PAL編集部編、小学館、二〇〇三年）
『四国霊場開創一二〇〇年記念 空海の足音 四国へんろ展〈愛媛編〉』（愛媛県美術館 長井健、石岡ひとみ編集、四国へんろ展 愛媛編 実行委員会、二〇一四年）※愛媛県美術館における展覧会図録
『四國徧禮道指南 全訳注』（眞念、稲田道彦訳注、講談社、二〇一五年）
『江戸初期の四国遍路 澄禅「四国辺路日記」の道再現』（柴谷宗叔、法藏館、二〇一四年）
『四国遍路とはなにか』（頼富本宏、角川学芸出版、二〇〇九年）
『はじめての「四国遍路88ヶ所巡り」入門』（浅井證善、セルバ出版、二〇〇九年）
『四国遍路の世界』（愛媛大学四国遍路・世界の巡礼研究センター編、筑摩書房、二〇二〇年）
『巡礼・参拝用語辞典』（白木利幸、朱鷺書房、一九九四年）

白川密成　1977年生まれ。第57番札所・栄福寺住職（愛媛県今治市）。真言宗僧侶。高野山大学密教学科卒業。2001年より現職。著書に『ボクは坊さん。』『空海さんに聞いてみよう。』などがある。

Ⓢ新潮新書

987

マイ遍路《へんろ》

札所住職《ふだしょじゅうしょく》が歩《ある》いた四国八十八ヶ所《しこくはちじゅうはっしょ》

著者　白川密成《しらかわみっせい》

2023年3月20日　発行
2023年12月15日　2刷

発行者　佐藤隆信

発行所　株式会社新潮社

〒162-8711　東京都新宿区矢来町71番地
編集部(03)3266-5430　読者係(03)3266-5111
https://www.shinchosha.co.jp

装幀　新潮社装幀室

印刷所　株式会社光邦

製本所　株式会社大進堂

ISBN978-4-10-610987-4　C0215

価格はカバーに表示してあります。